任性出版

U0012368

臺灣大案鑑識現場

臺灣鑑識權威、
前臺北市刑事鑑識中心主任
謝松善——著

用科學、心理學、偶爾靈異，
與嫌犯鬥智，
鑑識專家謝松善帶你解讀犯罪現場。

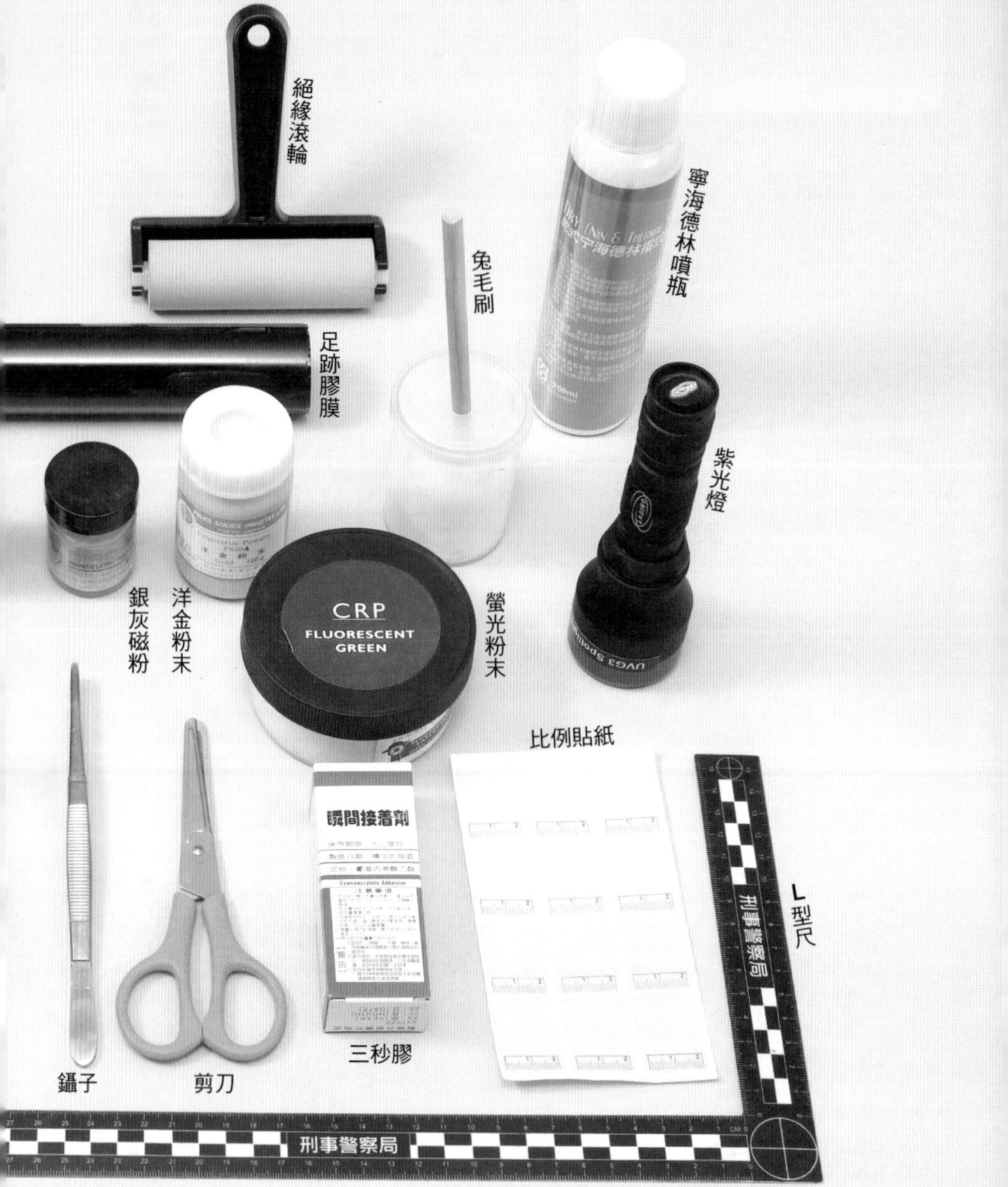
絕緣滾輪
寧海德林噴瓶
兔毛刷
足跡膠膜
紫光燈
銀灰磁粉
洋金粉末
CRP
FLUORESCENT
GREEN
螢光粉末
比例貼紙
瞬間接着劑
L型尺
刑事警察局
刑事警察局
鑷子
剪刀
三秒膠

鑑識專家神器
破天荒大公開

※註：現場鑑識的工具很多，圖中僅
列出一些常用且體積較小的工具。

指紋、掌紋篇

小編

犯罪現場多半很雜亂，鑑識人員怎知哪裡可以採集指紋？

阿善師

現場若有屍體，凶手多半會在屍體附近留下指紋，其他像是門把、房間進出通道，也常發現指紋。如果有打鬥痕跡，翻倒或移位的桌子也是採證的重點位置。

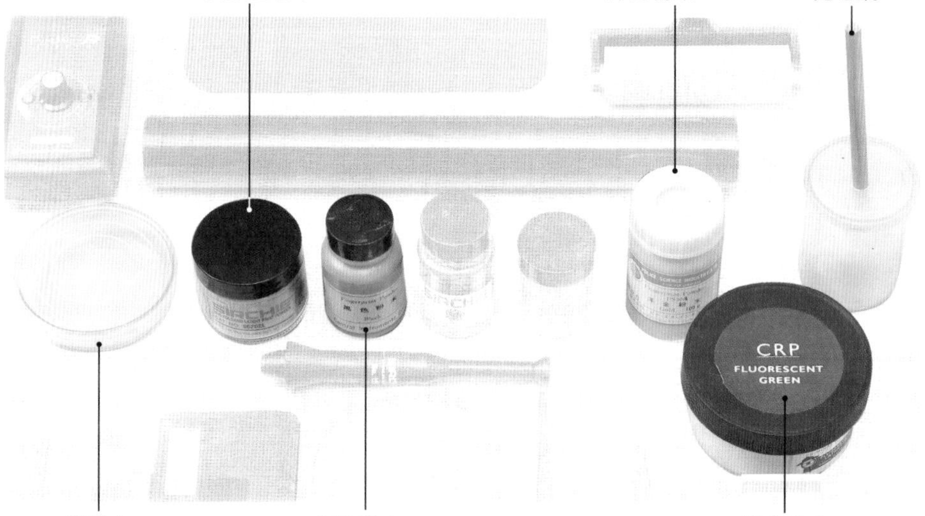

阿善師

翻倒的桌子或門把，表面若是深色，就用兔毛刷沾附淺色粉末，輕輕的均勻刷掃；若是淺色的，就沾深色粉末，務必讓粉末顏色能清楚襯托出指紋紋線，再用指紋採取膠片黏起來。

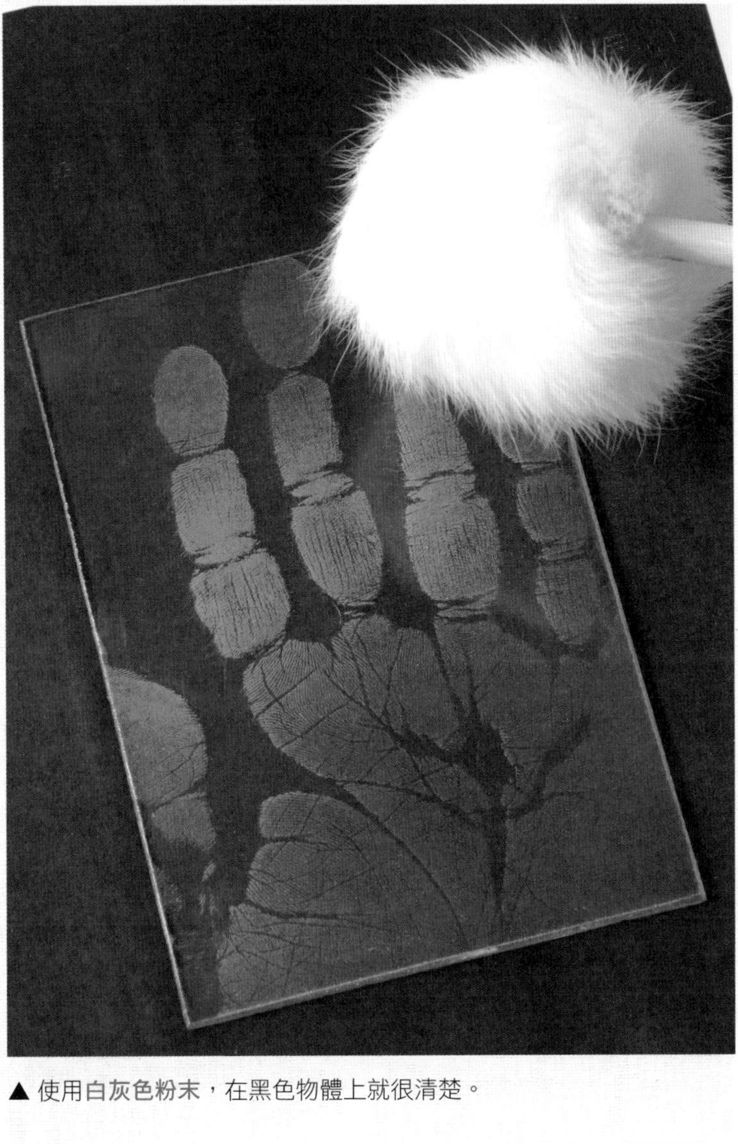

▲ 使用**白灰色粉末**，在黑色物體上就很清楚。

這就是鑑識人員採集指紋時，最常用的**粉末法**。
集粉盒是用來蒐集兔毛刷上的殘餘粉末，再倒回粉末罐中重新使用。

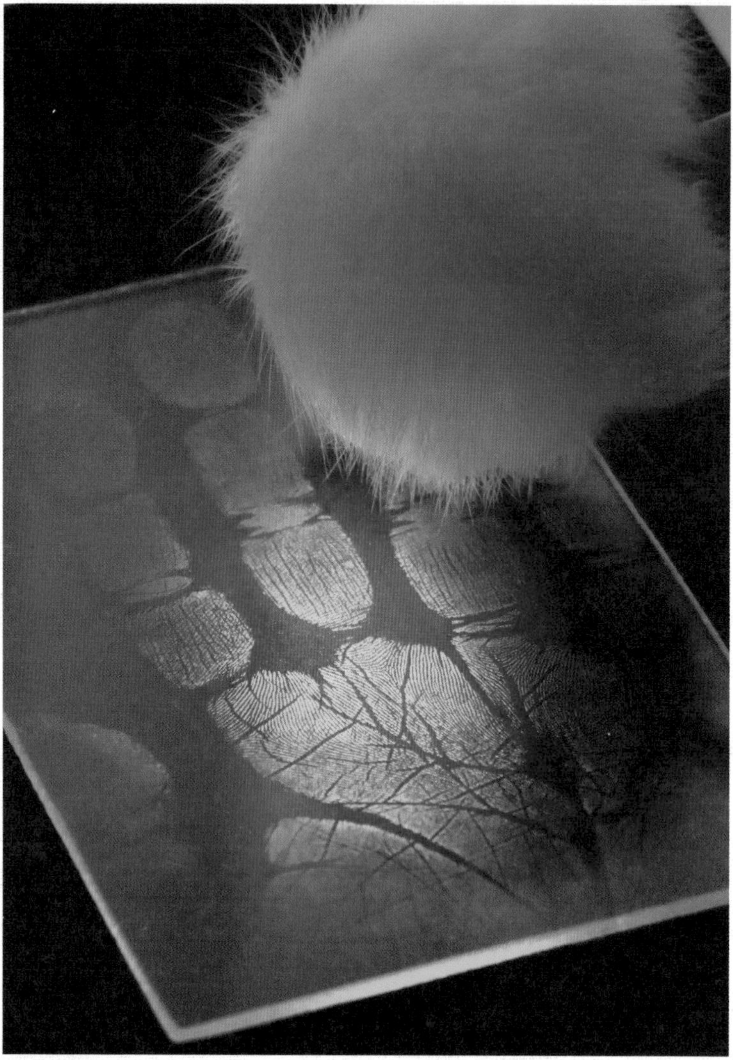

▲如果現場光線不足，鑑識人員會在深色物體上面使用螢光粉末，再搭配濾光板、紫外光手電筒（紫光燈），指紋就會更清楚。

濾光板

顧名思義，可以過濾掉特定波長的光，讓指紋、掌紋紋路更清楚。

紫外光手電筒（紫光燈）

這不是一般手電筒，一支要價 1.6 萬元！

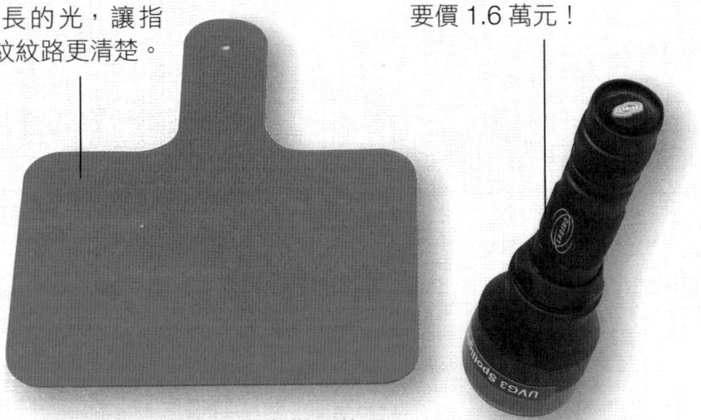

▲ 濾光板、紫光燈，兩者搭配使用。

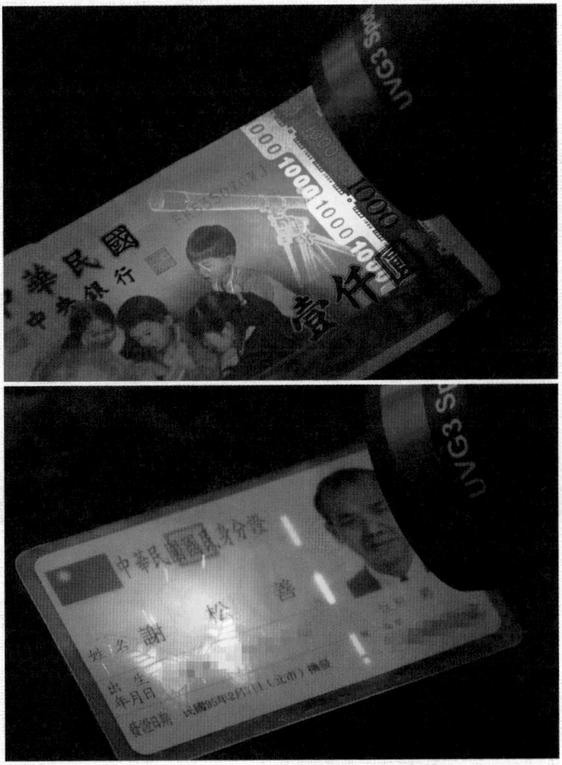

▶ 身分證上的花紋、鈔票上的防偽設計，或是遺留的纖維或唾液，在紫光燈的照射下都能一覽無遺。

小編

萬一採到的指紋很不清晰，鑑識人員還有其他方法嗎？

阿善師

當然有，我們會用「磁粉」與「磁性筆」，代替剛才的粉末和兔毛刷。磁性筆的中間有一根磁棒，吸取一些磁粉後就變成一支毛刷，可以輕輕的均勻刷掃在物體上。

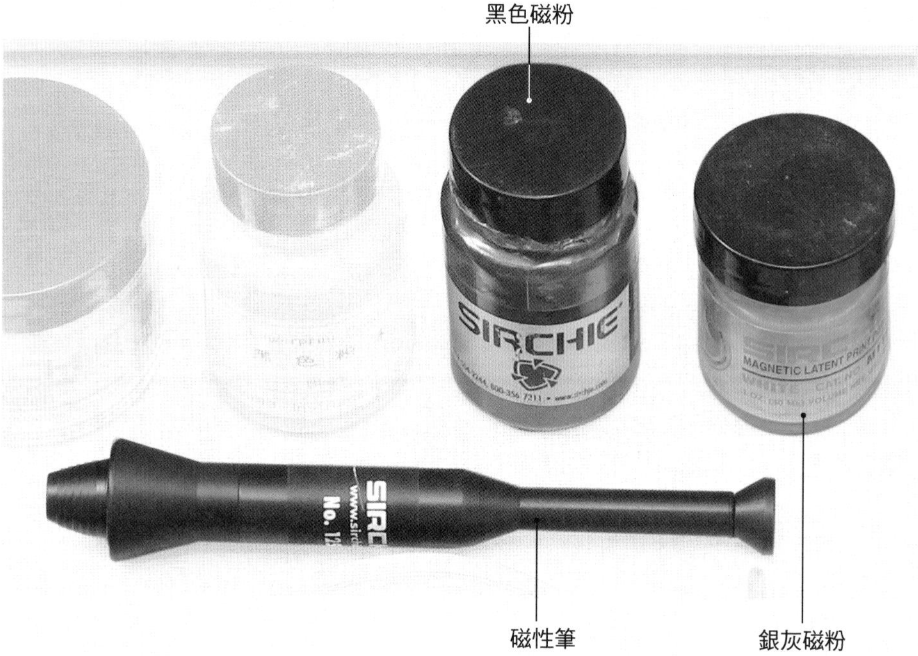

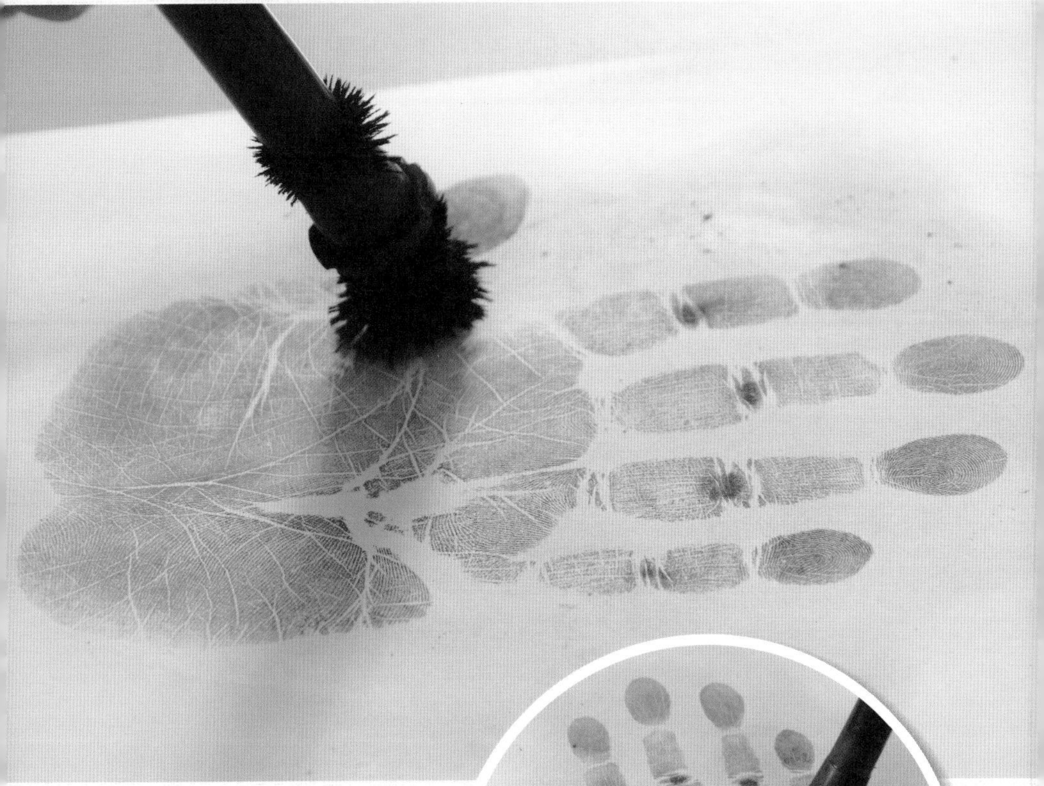

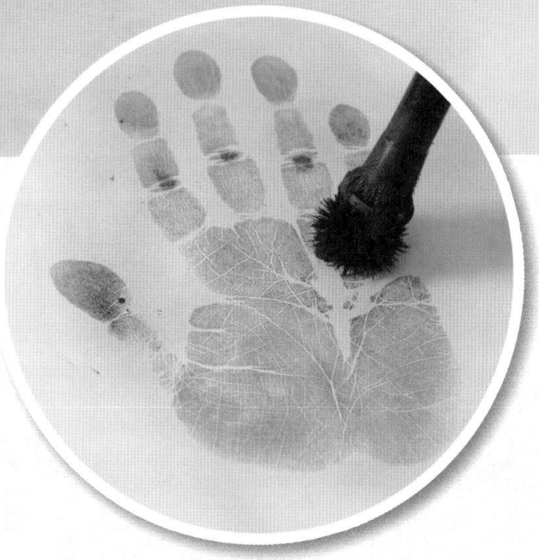

▲ 使用**黑色磁粉**採證的掌紋。

▶ 注意到了嗎？封面的照片就是運用這個方法，讓手印顯形。

磁粉的顆粒比一般粉末還細，黏著性也較強，故碰上較舊或較不清楚的紋線，便會使用磁粉而非一般粉末。

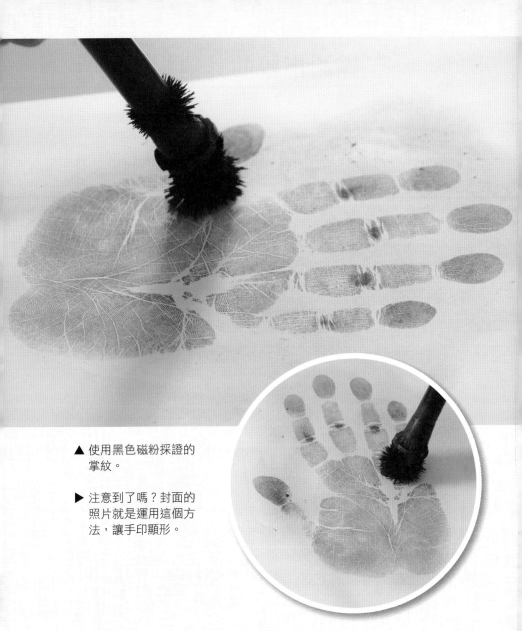

採證指紋的其他相關工具

寧海德林噴瓶

使用時機

萬一指紋留在吸水性物體（紙張、水泥牆等），前面提到的粉末法就不適用，此時要改用液體法。

操作方式

1. 將寧海德林噴在物體上。
2. 待寧海德林完全揮發，再加熱（如吹風機、熨斗）以使指紋顯形。

指紋捺印臺

使用時機

一般給「活人」捺印指紋用，可一次按捺多指。

屍體手指夾直器

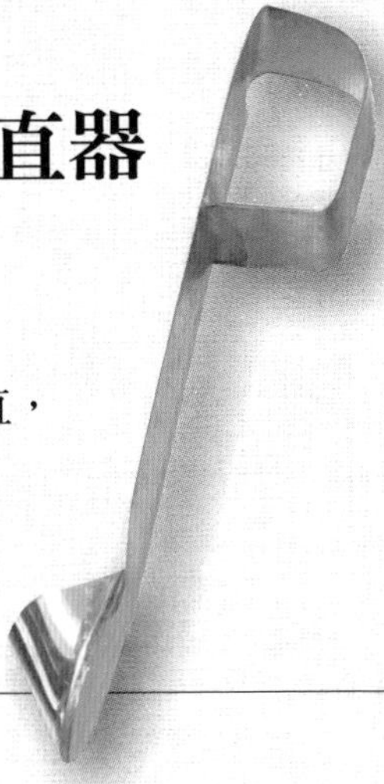

使用時機

將屍體彎曲的手指扳直，
以利捺印指紋。

單指捺印盒

使用時機

內有小凹槽，常用於捺印
屍體指紋。

凹形夾紙器

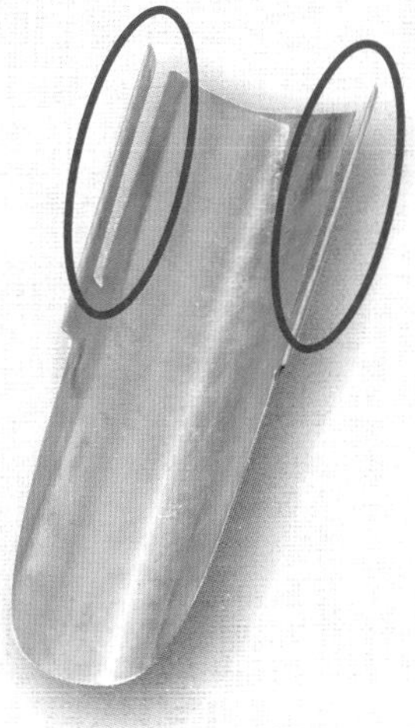

使用時機

配合屍體指紋專用紙條，捺印屍
體指紋。

操作方式

將紙條插入兩邊小縫（圈起處），
由圖片上端部分伸入手指捺印。

鞋印篇

小編

歹徒在現場留下鞋印，鑑識人員會怎麼做？

阿善師

先用足跡膠膜，覆蓋在疑有足跡的表面，覆蓋時要記得，金屬（銀色面）朝上，聚酯（黑色面）朝下，這時候，足跡膠膜會捲起或不平，是正常現象。

接下來需要用到靜電足跡採取器，它有兩端電極，將其中一端放在鎳鋼板上接地，另一端接觸足跡膠膜的金屬面，使聚酯面感應、蓄積大量靜電荷。

擺好後，開啟靜電足跡採取器，調整靜電的大小直到足跡膠膜平貼，再用絕緣滾輪，讓足跡膠膜與足跡更貼合。大約等待 3～5 分鐘即可取得足跡，此時就能關閉採取器並等待放電。

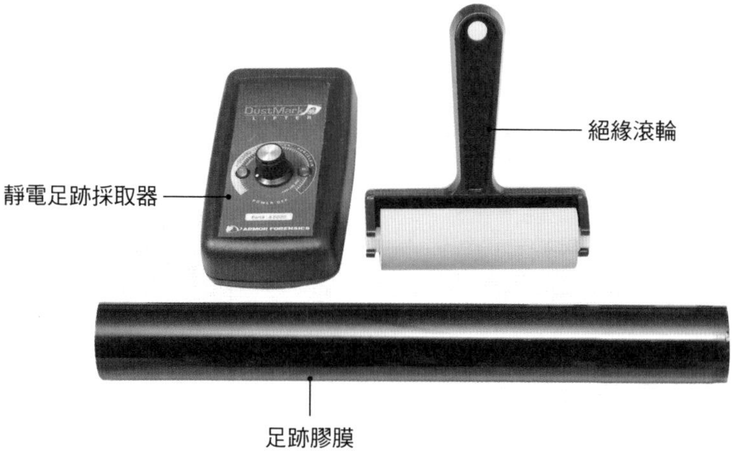

使用絕緣滾輪，讓足跡膠膜與足跡更貼合。
一端接觸足跡膠膜的金屬面。
一端放在鎳鋼板上接地。
鎳鋼板
開啟靜電足跡採取器，調整靜電大小。

▲ 鞋印之所以會吸附到足跡膠膜上，全靠靜電，使用絕緣滾輪其實無法加快作業進行，用意是在讓鞋印貼緊，產生更清晰的結果。

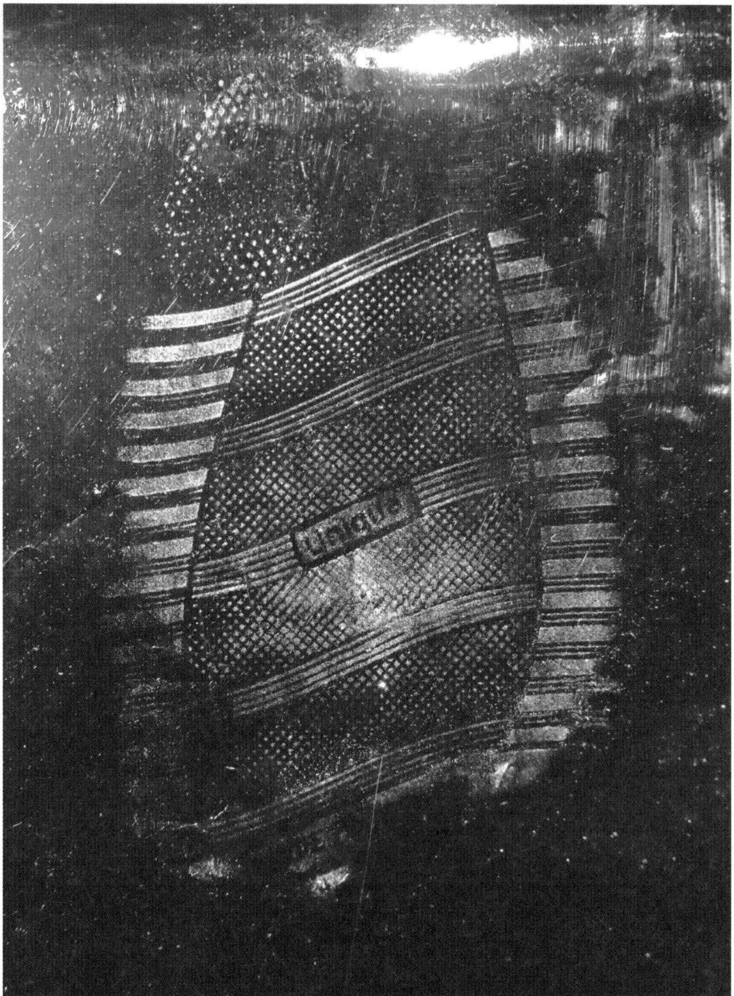

▲ 轉印至足跡膠膜上的鞋印。

此方法稱作**靜電足跡採證法**，原理是利用靜電，使踩踏過後所遺留之塵土，吸附在足跡膠膜上，顯現有塵土（凸紋）及無塵土（凹紋）的部分，以得到鞋印痕跡。

鑑識人員這樣拍鞋印

利用低角度的光源來增顯鞋印，
以利搜尋、採證與拍照。

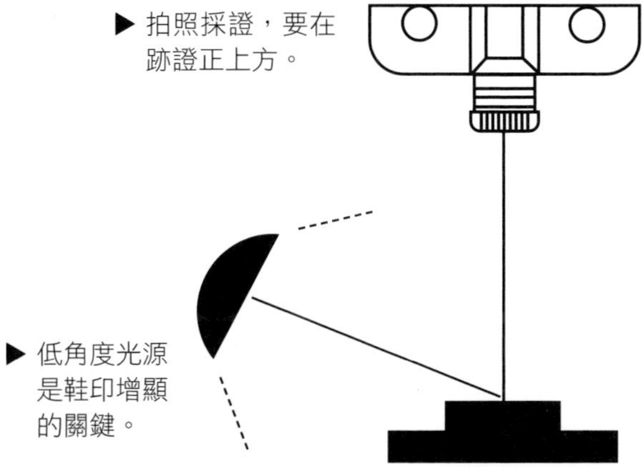
▶ 拍照採證，要在
跡證正上方。
▶ 低角度光源
是鞋印增顯
的關鍵。

▲ 不管是右頁的轉印鞋印，或者這張現場鞋印，都經過低角度打光，讓鞋印更明顯。

鑑識工具固然特別，但也不全是生活不常見到的東西，例如放大鏡、鑷子、剪刀、三秒膠等，都能派上用場。

L型尺

使用時機

同時測量長寬，如鞋印、腳印等。

比例貼紙

使用時機

標示較小跡證。

鑑識是還原犯罪現場的關鍵，

做到一百分是鑑識人員的天職，

我們的工作不僅攸關性命，也是追求真相與正義的第一步。

目錄

第三部 「愛」這個學分，有人很平淡，有人很激烈

推薦序一

來自生命道場的鑑識職人精神

YouTube 頻道「異色檔案」／DK、Di 掃

那個時候，真實犯罪的風潮，正從國外悄悄的襲捲到了臺灣。我發覺其實有一定比例的觀眾或聽眾，非常熱衷於想要了解各種詭異、離奇的刑事案件。正在做自媒體的我，深知這一個領域，絕對會有人想要看，於是開始研究國內外各大刑事案件。也正因為如此，因緣際會下，我偶然發現了一本很舊的書，書名是《阿善師的告白》，書內寫的都是臺灣發生過的重大刑案。

但最為迷人的，是謝松善（阿善師）以自身的專業與本職學能，去談論他曾經參與的詭異刑案，那跟我們這種自媒體自行蒐集資料拼湊、講述出來的力道與信服力，等級上差得可遠了。很可惜的是，當時這本書已經絕版。

為了收藏這本由一位在臺灣鑑識領域耕耘三十三年的老探長寫的書，我老婆Di掃不惜在網路平臺找到並入手——沒想到價格竟然飆到原定價的兩倍！

所以當阿善師願意來到我們的YouTube頻道「異色檔案」，來為觀眾解說案件的時候，拍攝的前一晚，我真的失眠啦！那位常在電視節目出現的老探長，竟然真的要和我們夫妻倆見面了！

果然，阿善師滄桑渾厚的嗓音，在鏡頭前面展演詭譎刑案的發生經過，在講到凶手殘忍的手法時，原本溫和的眼神霎時變得銳利，最後再以「不是不報，時候未到」這樣警世的結尾，瞬間征服了我們頻道的觀眾。

要知道，YouTube的留言因為具有匿名性，如果你講得不好，立刻會被批評得體無完膚，絕不留一點情面。然而影片一上傳，底下的觀眾一面倒的稱讚，全都被阿善師精闢講解案件的力道給折服了。

我想影片效果會這麼好，跟阿善師扎實的鑑識功力與職業歷練，脫離不了關係。以前的刑案講求「科學辦案」，那是一個諷刺性的說法，其實就是「刑求逼供」，而鑑識領域反倒一片荒涼；但隨著刑事案件越來越重視鑑識，阿善師的經驗與歷練就越來越重要。這也是為什麼國內各大刑案，都可以看到阿善師的身影的原因吧。

阿善師來到「異色檔案」那天，在聊完兩件離奇刑案以後，他對我們說了兩個觀念，使我一輩子難忘。

第一，他說：「每個案子，都是他人用生命，來成就你的道場。」這句話，道盡了一個鑑識專家對於自己專業的重視，以及尊重生命的態度。

第二，他說自己雖然退休，但仍然盼望能夠將職涯所學，透過一些形式的倡導，繼續在臺灣傳承下去。

這兩點都反映了阿善師擁有所謂的「職人」精神，我想他一定對自己有很高的要求，全神貫注在鑑識專業領域。

有鑑於近來大家開始關注真實犯罪，當天 YouTube 錄影結束後，我便大膽的跟阿善師說：「希望您以前那本書可以重新修訂，很多人都跟我一樣，想從一位身經百戰的老探長角度，去了解國內曾經發生過的奇案，並且體會書中傳達出的『鑑識職人精神』，如果沒有再版，真的太可惜了。」

阿善師對我說，會的。他正有此規畫。

於是，這本《臺灣大案鑑識現場》出版了。其中談到的案件，會讓你邊看邊直呼曲折離奇，而且用真正的專業角度去剖析過程。對於喜好研究犯罪的人來說，是絕對要入手的寶典。

至少，你不用像我們一樣，用兩倍的價格去買了。

（本文作者DK、Di掃，夫妻兩人經營YouTube頻道「異色檔案」，探討詭異事件、懸疑案件、靈異現象、社會案件、都市傳說、未解之謎，頻道已有超過三十五萬位訂閱者。二〇二〇年八月開始經營Podcast節目《故弄玄虛》。）

推薦序二

老兵不死，一如阿善師對鑑識的發心不滅

中央警察大學刑事警察學系教授兼科學實驗室主任／白崇彥

犯罪現象幾乎是人類社會不可避免的問題，凶殺事件之傷害衝擊層面更是既多且廣，不光只是被害人生命的終結，也往往連動著其家人的鬱鬱一生，甚至造成家庭破碎。因此，就被害者家人而言，毋枉毋縱的快速偵破犯罪，具有返還正義之功效，或可稍稍寬慰受傷的家屬心靈！

現今據以破案的方法技術有很多，例如監視錄影系統、車牌辨識系統及智慧影像分析，其所取得之線索與證據，主要應用於連結及證明犯罪現場的人與物，以還原並建構事實真相。警察實務界人人耳熟能詳的一句話──「現場乃證據之寶庫」，盡訴了現場處理的重要性，成敗也往往懸繫於第一次的勘察處理，處置不當

則可能導致真相石沉大海而成懸案。「證物會說話」，卻靜默不語，全憑意義之詮釋解讀，宛如學測作文題目任人發揮，天馬行空，無所不猜。然而，一旦偵查方向錯置，策略偏差，便可能貽誤先機而終致懸案。

《臺灣大案鑑識現場》一書涵蓋了十二件慘絕人寰的凶殺案件，雖源於不同起因、人物及情境，一件件傷天害理之罪惡，又何嘗不是潛藏於正義老兵（本書作者阿善師）內心深處的不捨憾事？本書內容區分為四大主題，第一部以三個案例強調證據的重要性，其精神概念實乃淵源於古代史學書卷——宋朝《洗冤集錄》、《折獄龜鑑》等古文中，早有科學斷案、講求證據之案例記載。如同李昌鈺博士的名言：「有幾分證據，說幾分話。」其意義就在於讓證據引導辦案，而證據之鑑識及調查，即為犯罪偵查的內涵，亦是科學辦案的精神所在。

第二及第三部的案例，隱然皆屬克制不住衝動，以及動手或不動手之瞬間抉擇，其實此類型態行為，與學術上的犯罪分子生物學（係以基因層次解釋行為性狀）有所關聯。人類的一切活動，包括動作、反應、情感、認知及感覺甚至想像等，都與大腦神經細胞的傳導有著密不可分的關係，而和認知以及性格特性有關之蛋白質（例如神經傳導物質或內分泌荷爾蒙）的密碼基因，若存在著產量大小之人別差異，則可能形成性格上的特質先決傾向（predisposition）。然而，基因並不是形成反社會行為的絕對關鍵，僅是扮演著促成或影響反社會行為的部分因素角色；後天（nurture）環境因素亦有其相當程度之影響。

第四部則以蓄意犯罪案例為本書作結，該類型犯罪者實乃源於偏差之價值觀，意欲不勞而獲，進而勒贖害命，歸咎其深層原因，則又與整體社會結構，甚至諸多施政政策有關，主政者確實不可不慎。此外，白案之陳嫌（陳進興）勒贖信件的筆跡鑑定恰好是我本人所做，而陳嫌於臺北看守所（俗稱土城看守所）槍決伏法前，親簽了血液採樣同意書，協助我完成性暴力者候選基因群之研究案，令我詫異的是，如此娟秀工整的字體，竟出自犯下姦殺勒贖的匪徒之手！最後面臨生命終點，陳嫌卻是展現出人性光輝，器官捐贈了三人。猶記陳嫌與警察對峙當時，諸多電視臺主播現場搶線撥打直播訪問，直接影響了當時警察談判處理，可能也會造成日後社會諸多不良效應，其乃是不妥做法，新聞媒體應有所自律。

本書四個主題概念，邏輯清楚，一氣呵成，順理成章。文章內容之語句敘述，讀來雖見輕鬆，實則沉重；案例鋪陳雖係怵目驚心，學理奧祕卻隱隱呈現。作者謝松善之著書貢獻，堪稱善心典範，正如其退休宣言——鑑識乃是其退而不休的良心志業。「老兵不死，只漸凋零」，當各位看官讀者攬書一讀之時，除了見識鑑識外，不妨亦禪悟一下老兵阿善師的一番用意與發心吧！

（本文作者白崇彥，現任中央警察大學刑事警察學系教授兼科學實驗室主任，專長為刑事鑑識、生物跡證與刑事DNA鑑定，以及現場與證物處理。）

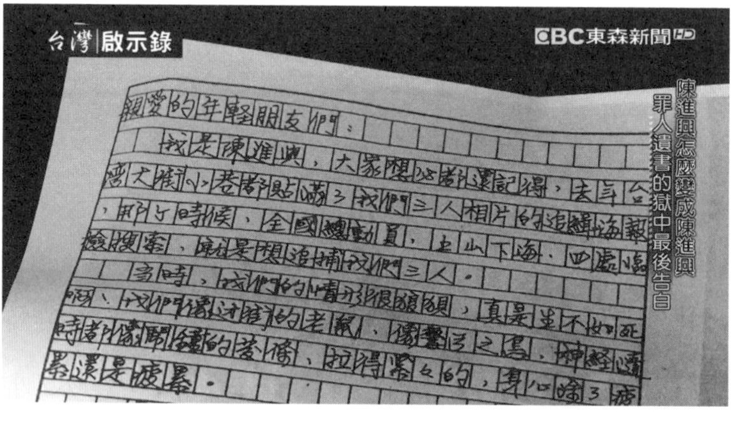

▲ 陳進興之筆跡（圖片來源：台灣啟示錄 YouTube 頻道）。

推薦序三

關注過往案件，伸張應有的正義

懸疑、犯罪主題網路媒體／疑案辦

在創立「重大歷史懸疑案件調查辦公室」（簡稱疑案辦）之後，常常有人問：書寫這些過往案件到底是為了什麼？

所有的犯罪都有根源，過去許多喧騰一時的社會案件，今日回頭來看，其實有非常深刻的社會意義。當時的環境氛圍、檢警的偵查技術，這些因素隨著時代更迭，深深影響每一起案子的命運，破案與否，常常會因為加害者與被害人所處的時空，導致截然不同的結果。

二〇一三年二月，在新北市八里區發生雙屍命案，凶手為八里岸邊自行車道旁的「媽媽嘴咖啡」店長謝依涵。這起案件轟動一時，不只是因為行凶的竟是一個體型中瘦的女子，且兩名死者都是咖啡店的常客，與店長的交情相當不錯。最後，本案經過上訴、更審，謝依涵無期徒刑定讞。

如果這起案件發生在更早的年代，凶手有沒有可能因為外貌、性別，再加上鑑識和偵查技術都不夠純熟，被認為沒有嫌疑，而就此逃過審判呢？

回想起來，我曾經在事件發生後，搭乘渡輪，在媽媽嘴咖啡的封鎖現場外徘徊，用自己的腳步當量尺，手臂作比例，試著模擬並還原一位女子獨力殺人並棄屍的行動。我不是唯一一個愛看熱鬧的鄉民，附近一間小土地公祠，聚了大概二十來位民眾，都是外地客的模樣，在聊媽媽嘴咖啡的凶殺命案。

儘管不敢直視血肉淋漓的畫面，但對於回到案發現場的探險活動，於日於夜，始終樂此不疲。

而提及專業領域中的第一線人員，肯定得提到臺灣鑑識權威——謝松善（阿善師）。阿善師投入鑑識領域三十餘年，實戰經驗豐富，於退休後依然為鑑識貢獻心力，不僅很能寫，近來更開創了Podcast講解疑案，講述得極為生動。我常常熬夜聽阿善師的口述，尋找推理小說的創作靈感；因為不必看見屍橫遍野的畫面，就能隨著他銳利的目光，發現那個差點被忽略、卻又對破案至關重要的螺絲釘。

這一次，阿善師不僅要當一個思辨清晰的探長，更要公開影響了臺灣鑑識進程、改寫臺灣歷史的幾起重大案件，身為一個熱愛臺灣也鍾情於懸案的同道中人，一定要搶先閱讀！

（本文作者疑案辨，為懸疑、犯罪主題網路媒體，主要書寫曾經發生在臺灣歷史上的各種犯罪疑案，為的是這些過往未解之謎，能夠不被大眾遺忘。）

自序

鑑識，是科學與嫌犯的鬥智

我是後山的小孩，從臺東高中畢業後北上求學，民國六十七年自中央警官學校畢業，分發至臺北市政府警察局刑事警察大隊鑑識組，從基層的技佐開始，歷經技士、薦任技士、組長、技正等職位；民國八十八年，鑑識組升格改制成為刑事鑑識中心，個人有幸擔任第一任的主任，一直到民國一〇〇年八月退休，一路走來，始終如一，在同樣的鑑識工作及相同的辦公室，我在原地繞了三十三年，這在警界是很少見的。

早期的鑑識單位較不受重視，福利及功獎少，升遷機會有限，所以不易留住人才。因此剛畢業時，被分發到刑警大隊鑑識組，當時頗覺得委屈，曾想過要調部門，但是，以前調動多少都要靠點關係，一想到要拜託人、看人家臉色，也就放棄了。經過一段時間後，回頭發現這塊鑑識園地一片荒蕪，都沒有人要耕耘，於是我掄起鐮刀鋤頭，心想只要自己稍加努力，一定可以闢地墾荒，播種結果。

既然決定要在鑑識這塊領域待下來，就必須再學習精進。民國七十二年，我自中央警官學校碩士班畢業，我知道，如果想在鑑識專業上有所提升，必須拜名師學藝。當時，李昌鈺博士已是世界知名的鑑識大師，常常回國講學，提攜後進。我便下定決心出國進修，於民國七十八年、八十年及九十年，三度通過警政署出國甄試，得以到美國跟隨李博士學習，同時也到康乃狄克州紐海芬大學（紐黑文大學）進修研習，並取得刑事鑑識碩士學位。

我的警察資歷全都是鑑識領域，這在警界的升官路徑是不可能當到局長的，而且鑑識職缺這幾年也接近滿額，年輕的一代升遷不易，所以我選擇了提早退休，想要留一點時間給自己，也留給後進升遷的機會。

有的人說我是自走炮，我的個性向來如此。站在體制內唱反調其實很難伸展，所以，提早退休反而讓我不會被公務員的身分框住。跳出來，才能做我想做的事情，才能講我想講的話，例如上課、演講、寫書、接受媒體邀約做專業評論，或協助私人鑑定。

這三十多年來，我從一個頭髮濃密、精實黑瘦的年輕人，變成一個頂上逐漸稀疏的中年人；也從一個默默學習的菜鳥，成為警界及媒體口中相稱的「阿善師」。回首鑑識路，看到這個領域，從荒煙蔓草到生機蓬勃的發展歷程，看到科學辦案及司法正義的轉變，當然也看到許多人生的悲劇，深深體會生命的無常。

尤其，每一個案子，都是人家用活生生的悲慘遭遇，來作為教育我們的道場；每一個悲劇，都是人家用寶貴的生命，讓我們累積經驗、獲得專業成長。我們怎能不認真學習？我們要懂得珍惜並感恩。

法律制度本來就應該有平衡機制，法庭不能只有一面倒，因為我們都是人，人是有局限的。過去，我一直都站在控方，但是，我能看到辯方的不足與無奈。辯方律師因為鑑識專業普遍不足，使得這方面的抗辯能力很弱。而除了公務單位，國內找不到這方面的專家，於是官方鑑定成為權威，法官的認知，習慣上也偏向控方的意見，幾乎從未改變。

但是，倘若公務鑑定的推論是有偏差的呢？那就有可能形成冤獄，或是錯放了一個真正的歹徒。我們不能只有公家的意見，不能以為這是唯一的權威，如果不是絕對正確的，我們就應該挑戰。

近年來，隨著政治、社會、經濟和法律制度的變遷，犯罪型態日趨複雜，相對的，刑事訴訟制度也因為政治開放及法律修正而日趨健全，鑑識科學逐漸獲得重視，對犯罪嫌疑人的人權保障也益加完善，固有的偵查與鑑識技術已無法達到發現犯罪事實和公平審判的目的。因此，藉由各項基礎科學領域的快速發展，現代的科學偵查技術乃得以迅速萌芽、茁壯。

臺灣的鑑識科學在李昌鈺博士的大力推動，以及警界長官、前輩、專家的努力改革之下，已有長足的進步，現代鑑識科學儼然成為刑事訴訟程序中，發現真實與保障人權的堅實後盾。「科學辦案」這個詞，在早期辦案不講求程序正義的時代，被暱稱汙衊為「刑求逼供」的同義詞，現在，科學辦案已經是真正以物證為主、以邏輯取信於人、奠基於科學「實事求是」精神的一門專業。

我已過六十五歲，以臺灣男性平均壽命七十七．七歲來看，扳指一算，我只剩差不多十年。這十年的時間，我可以做什麼？退休之前，我就一直在思考，當「終了之日」來臨時，我要怎麼做才不會有遺憾？

這段時間，我已經有了答案。在我有生之年，我要傳承我的經驗，推動在我心中蘊藏已久的理念，要不然等我倒下了，我這一生從鑑識這門專業所學習到的、所經歷的、所思所想的，將一切歸零，隨著我的軀殼腐爛，化為雲煙，然後，這個社會還是老樣子。

退休時，我曾經在媒體發表「退而不休的宣言」，其實我不是要向檢警挑戰，只是希望在司法的偵審及刑案的蒐證與鑑識上，能加入民間的監督與批判，減少冤案發生，建立民眾對司法的信心。

其實，鑑識工作是一種良心志業，可以做到五十分，也可以做到一百分，端看個人對工作的認知和自我要求。檢察官和法官當然希望鑑識人員可以盡可能多提供些專業的研判，讓他們在形成心證上有所依據，可以更肯定；偵查與鑑識人員的責任，就是竭盡所能來蒐證及研判，縮小檢察官和法官自由心證的空間。

不過，現在許多鑑識人員喜歡打安全牌，不願去承擔研判的責任，因為這樣可以不用上法庭，不用接受交互詰問的挑戰，所以，鑑識工作只保守的做到五十分，把案件研判的責任交給檢察官或法官的自由心證，反正判生判死與他無關，所以法官的判決才會像鐘擺一樣，常常在生與死或有罪與無罪的兩個極端擺盪。

現今是民主的社會，有許多發聲的管道，每個人都可以自由表達，對不同的意見我們都要予以尊重，但是，大家也要冷靜下來憑著客觀事實說話。現在許多的社會現象是，透過網路、電視名嘴，加上一些平面媒體，用重重猜測與誇大拼湊來大放厥詞，群眾也被這些報導帶著跑，發酵的結果，導致輿論辦案及民意審判，彷彿每個人都是柯南、都是法官，專業的意見變得很薄弱。

本書的付梓，我只想把個人一生的鑑識經驗留存下來，並對未來的偵查與鑑識工作提出建言，略盡一點社會的責任。你可以不同意我的看法，但希望彼此相互尊重，不要謾罵、惡意攻訐，因為事實是要經過良性的探討、辯論與檢視，真相才能越辯越明，司法正義才能逐漸彰顯。

法律是大家共同制定的遊戲規則，司法判決的結果，不管你同意與否都必須尊重。現在的司法制度是採無罪推定原則，一旦沒有證據，就要把嫌犯先當作好人，在證據不足的情況下，司法正義不一定能完全彰顯。但我絕對相信因緣果報，人世間有司法與道德的懲罰，人心也有善念與惡念的競爭，要想從心底完全抹掉犯罪的陰影，是不可能的。真正犯罪的人，即使逃過司法的懲治，道德的懲罰仍會如影隨形，心牢的枷鎖已判處永遠的無期徒刑。

在個人三十三年的鑑識生涯中，要感謝培育我的老師、指導我的前輩、激勵我的朋友、陪伴我的家人，以及曾經共同奮鬥的同事。特別值得一提的是，赴美三次進修期間，承蒙恩師李昌鈺博士及師母的指導與照顧，真是銘感五內，永誌難忘。此外，本書得以順利出版，要感謝因緣際會中，共同成就的所有朋友，一切的一切，請接受我心中誠摯的吶喊，謝謝大家！

第一部

今日判死、明日判生，大案成了全民公審

林宅血案、蘇建和案、江國慶案，是臺灣犯罪史上討論度最高的三大懸案；蘇建和案攪動社會長達二十年，江國慶案兩位凶嫌竟都被判無罪，真相到底是什麼？真凶是誰？鑑識專家用證據說話。

1

影響我鑑識生涯的臺灣重大懸案

——連老弱婦孺也不放過的林宅滅門血案，民國 69 年

民國六十九年，我二十五歲，從學校畢業後，就到臺北市政府警察局刑警大隊鑑識組赴任，才第三年，還在適應這份工作。

鑑識組的工作，自然跟一般上班族大不相同。學長會帶後輩去看屍體解剖，中午再請吃雞腿飯、豬腳飯，看我們吃不吃得下、會不會吐出來；在命案現場採證時，則叫新進人員抓著屍體的手按捺指紋，還是新人的我常因為害怕，藉機閃躲，讓前輩上場；輪到我值夜班的時候，睡覺前，我得用報紙一一將辦公室滿牆驚悚的命案照片貼起來，不然無法安枕；在夜闌人靜的行軍床上，一有什麼風吹草動，我就會驚慌得坐起身來，裹著棉被，再也睡不著。當時的我很怕值班，因為每個現場都是震撼教育，而幾乎所有初到鑑識組的新人，都是被這樣嚇大的。

民國六十九年發生了一起震撼全臺灣的命案，也讓我對自己的工作開始有了不同的看法。現在，我以累積了三十多年經驗的立場與心態，回顧這個案子，感觸特別深。這是我人生的第一個大案子，讓年輕的我見識到人性的醜陋面；不僅如此，在現場勘察的過程中，**我雖然還是一名菜鳥，就有許多地方讓我深不以為然，直覺不應該這樣處理。**

這就是「林宅血案」。

案發當天，碰巧由我值班，中午學長們都出去用餐了，電話鈴響，我立刻接起來——「鑑識組！」就像電影預告片一樣，從拿起話筒的那一刻起，這通電話就影響、翻轉了我往後的鑑識人生，因為電話彼端傳來的消息，即將成為我這輩子所負責的第一件重大刑案。

倒臥在血泊中的女童與阿嬤，還有……

民國六十九年二月二十八日，方素敏前往軍事監獄（也就是現在的景美人權文化園區）探望丈夫林義雄。當時，林義雄因為美麗島事件被警備總部收押，探監結束之後，已是中午時分，方素敏打電話回家。

按照以往的家中作息，女兒們應該回來了，婆婆也應該返家煮好飯菜，可是家裡卻無人接電話。方素敏覺得有點奇怪，感覺不太對勁，於是打電話給林義雄的助理田秋堇，請她到家裡看看。田秋堇拿著林宅的備用鑰匙，搭公車到了林宅，一進屋就喊人，卻無人應聲，便在屋裡四處查探，先是在房間內發現重傷的大女兒林奐均；接著，在一樓通往地下室的樓梯轉角處，看到林義雄的媽媽林游阿妹倒在血泊中，已無氣息。她馬上報警，並趕緊將奄奄一息的林奐均送往仁愛醫院。

方素敏返家，知道出事了，急忙趕至醫院照顧奐均，她也打了幾通電話給當時所謂的黨外人士，包括林家老友田媽媽的丈夫田醫師。田醫師到了林宅現場，一度想衝進地下室查看，但是由於林母倒在僅容一人通過的狹窄樓梯轉角，血泊面積太大，血流有如瀑布一樣向底下蔓延，因此警察以保全現場為由，阻止他下去。

等到檢察官、法醫到了現場，林母被抬到一樓準備進行驗屍，通往地下室的樓梯才騰出一塊空間。警方鋪上木板，跨過血跡，進入地下室。

沒多久，下去查探的人員突然大叫：「有兩個小孩在裡面！」

幾個人衝下去一看，是林義雄的雙胞胎女兒，已沒有氣息了……。

這時候，林母的驗屍剛完畢，法醫緊接著勘驗雙胞胎。從體溫研判，法醫表示，應該斷氣不久，因為屍體摸起來還是微溫的。

三死一重傷確定。林宅血案，就這樣發生了。

手段凶殘的作案手法，連老弱婦孺都不放過

警方由現場狀況研判，歹徒應該是中午十二點到十二點半之間犯案，因為林母已經把飯菜煮好，可是飯菜都還沒有吃過的跡象。

法醫勘驗林母和雙胞胎的時候，我在現場。當時，大女兒林奐均就讀小學二年級，亮均、亭均才上幼稚園。兩個雙胞胎女兒都是一刀深中要害。林母年紀雖大，卻因林義雄入監，家裡頓失經濟來源，不得不藉著幫傭煮飯撐起家計，回到家後還得協助家裡照顧孫女。可是她死得很慘，身中一、二十刀，手上還有防禦傷，顯示她曾用手抓刀，以年邁的身體與歹徒力搏。

▲ 雙胞胎林亮均、林亭均生前照（圖片來源：維基百科）。

雙胞胎的夭折更令人心痛，我對她們的印象特別深刻，因為她們長得實在太可愛了，歹徒怎麼下得了手？而且歹徒在她們兩人背部下刀的位置與深度，幾乎一模一樣，一公分也不差，這顯示歹徒的手法相當專業，我都可以想像那畫面，他抓過來就殺，一刀中的。這兩個長得一模一樣的小孩身上的刀痕方向、位置、動作，也一模一樣。

從案發第一時間到發現雙胞胎，整整歷時三個多小時，實在可惜，如果早一點發現，或許還有救。但是，這個案子真的有太多巧合與誤差，錯失了挽救她們生命的時機。

首先，歹徒痛下殺手的地方在地下室最角落的儲藏室，地緣上本來就容易被忽視；再者，到地下室唯一的通道，被倒臥在血泊中的林母擋住，整條樓梯都是血，場面相當駭人；雖然田醫生曾經試圖衝下去找人，不過警方阻止他的理由也很正當：不能破壞現場。

這三個小時當中，一樓人馬雜沓，卻沒有人知道，地下室陰暗的角落，正躺著這對雙胞胎，血汩汩的流，一點一滴流下死蔭之地。

不幸中的大幸是大女兒存活了下來，老天保佑她命不該絕。我們鑑識人員到場時，她已送醫，聽事後相關人員陳述，她身中六刀後，被歹徒放倒在床上，用棉被蓋住。要不是她自己醒來後爬出棉被，才得以被發現並緊急送醫，經過手術後終於撿回一命，否則恐怕也可能錯過搶救時機而死亡。

案發現場在第一時間遭各路人馬破壞

儘管已經事隔達四十年，當天發生的一切卻歷歷在目。我還記得我們鑑識組接到通知，抵達林宅（現在的義光教會，二〇一四年林義

▲ 臺灣基督長老教會——義光教會大門（圖片來源：維基百科）。

雄絕食之處），是下午兩點左右。

我接起電話的那一刻，依照規定，我就成為承辦人，此後組內不管怎麼分工，最後都要由我**主筆記錄與報告**，亦即「林宅血案」所有犯罪物證與鑑識過程的彙整，都由我負責。所以即便那時我還是菜鳥，卻是最清楚這起事件的人員之一。

我當時很年輕，在組裡位階最低，但一到現場就知道現場毀了。我還記得，我提著鑑識工具箱站在外面，發現林宅裡面滿滿都是人，各路人馬包括長官、林義雄的親友、黨外人士、警方、媒體等，全都緊張的聚集在這裡「關切」，現場並沒有拉起封鎖線，亂成一團。

我好不容易擠進現場之後，因為還很嫩，一切都依照長官的指示進行。

一般來說，像這樣的重大案子，組裡都採取團隊合作，分工進行現場全面的採證。除了指紋外，還包括紙張、衣服、垃圾等，各種可疑的東西我們都要一一檢視或帶回採證，溼的要晾乾，所有垃圾都要過濾、分類。我們的工作就像篩子一樣，採回一大堆物證，再從中篩出有價值的留下來，分送到各單位進一步鑑定。

不幸的是，林宅現場幾乎採不到任何跡證。從林母和雙胞胎的傷口研判，這個案子凶手使用的是一般尖刀，像是家用水果刀之類，但凶手將血衣、凶器統統帶走了，現場也沒有留下血指紋，而當年還沒有DNA鑑定，鑑識能做的最後只剩下指紋比對。

由於鑑識人員到達前，在場所有人都沒有戴手套，因此事後必須採取補救措施，只要曾到過現場的人，不管官階多大、是何方神聖，一律得按捺指紋。

第二天，我們便開始過濾與比對指紋，但結果顯示，指紋都是家屬與案發後破壞現場的人所留下的，一一排除、比對到最後，只剩下一枚指紋，這是唯一的希望。十幾年之後，這枚指紋經證實，是美麗島事件時，進入林宅逮捕林義雄的偵查人員留下的，這讓整個鑑識過程，從頭到尾，完全徒勞無功，讓我非常灰心。

稚齡雙胞胎的容顏，至今提醒著我尚未破案

當天，我從下午兩點接到電話趕到現場，一直忙到半夜一、兩點，才回到辦公室。因為隔天還有許多工作要做，所以我沒回家，直接留在辦公室睡覺。那天雖然

被蒐證工作折騰了一整天，但是再怎麼累，就是睡不著。這混亂的一天，所有的一切，包括兇手殘忍的殺人手法、紊亂的命案現場、鑑識工作進行的過程，對我來說都是個震撼教育。

雖然平時近身接觸命案現場會膽顫心驚，但這一夜我無法闔眼，是因為被深刻的哀傷所打擊。小小雙胞胎可愛的、貌似睡著的死亡容顏，就像跑馬燈一樣，不斷縈繞在我眼前，我的內心實在無法平息。這是個多麼殘忍的案子！而兇手的專業度也讓我震驚，一整天下來竟無法採集到任何有效的跡證。

一直到我退休前，每年二二八這一天，這個案子都會準時重回我的腦海，影像如新，歷歷在目，它超越時空，帶著我的心神重返犯罪現場，讓我每年此時都要自問，我們還可以為它做什麼？在鑑識這門專業領域裡，我還可以怎麼努力？

這起事件至今無法破案。一來三十多年前不像現在科技進步，能靠DNA鑑定與監視器讓犯罪無所遁形；二來現場太混亂了，沒有完整封鎖保全，太多人進出沒有戴手套、穿鞋套，現場被破壞得體無完膚；三是兇手太專業、太小心，幾乎不留任何痕跡。

鬆散的採證與偵查程序，錯失關鍵線索

以現場封鎖來說，一接獲報案，偵查犯罪的工作各有職權歸屬，人證是偵查人員的工作，物證歸鑑識中心處理。以鑑識來說，過去我們是隸屬刑警大隊底下的鑑識組，現在的位階提升，已經是和刑警大隊平行的刑事鑑識中心。偵查與鑑識雙線平行，各有所責。

林宅血案發生時，偵查人員在現場到處走動及翻找東西，這是不對的。**偵查應該具備基本概念，是從「現場外」周邊著手**，例如訪問有無目擊證人等，這是偵查的責任與作用。**鑑識人員才能進入現場採證**，與偵查同時並行。

而封鎖命案現場，依規定，必須保留現場一切原貌，交給鑑識人員，因此，就算是家屬也都不能留在現場，必須淨空。以林宅血案這個案子為例，現場包括從林宅的門口一直到地下室，這是最關鍵的「第三圈」（由外往內算）。在**第三圈的採證現場**裡，是不允許遺漏任何死角的，若按照現在的SOP，即便林母當時倒臥樓梯轉角，阻礙通行，也無論如何都得想辦法進入地下室查看。

這關鍵的第三圈，連長官也不能進來。如果需要召開會議，就要到外面，封出**「第二圈」，就近成立臨時指揮所**。所有包括關係人、家屬、工作人員，或是抓到的嫌犯等，都要在第二圈內進行偵查，即便人多，影響也不大。

媒體則必須待在**最外圍的「第一圈」**。因為第二圈會有關係人、嫌犯或是專案會議要討論等，都不宜讓媒體在場逗留。但現在媒體多半會衝到第二圈，照規範是不容許這麼做的。

然而，林宅血案當時的狀況是，不但沒有請家屬離開，且我們到達現場時人已經很多，所有上述這些人等統統都在第三圈走動，導致現場勢必會被破壞，而最關鍵的就是鞋印。照理講，現場一定會遺留歹徒的鞋印，當時已有採集的技術，至少我們可以從鞋印判斷歹徒人數、身高以及動線等。

不過，當時我們也沒有得到要採集鞋印的指令。可能也跟科技的發展有關，當年或許不覺得重要，但以現在來講，鞋印真的很重要，它是還原現場的重要跡證。一般住家的情況，當人們進入屋內多半會脫鞋，地上會留下拖鞋印或赤腳印，侵入民宅的歹徒理論上應該不會那麼有禮貌，故鞋印是判斷歹徒的重要依據，從鞋印也可以換算出身高。

沒有完美的犯罪，百密總會有一疏

很可惜，當時也還沒有DNA鑑定。以現在的技術能力，已經進步到只要讀者摸過這本書，留下的皮屑與汗液再微量，也足已採下DNA做分析。所以，只要歹徒在現場有任何接觸，無論抓、握、摸，都會留下跡證。血液、精液、唾液、組織、骨骼、毛髮、皮屑，都可以做DNA鑑定。以林宅血案這個案子來說，林母曾與歹徒力抗，也許手指抓過歹徒，只要指甲縫裡殘留一點皮屑，成功採集到DNA的機率都非常高。

協助警方辦案的科技不斷進步，警方在學習，歹徒同樣也在學習，不斷改良犯案手法。

現在的歹徒很厲害，有些人已經知道要戴手套或將手包起來，不抽菸，在現場也不喝東西，因為以往很多案件都是藉由唾液而破案。但是，再怎麼厲害，肯定還是會有疏漏的地方，因為從心理學的角度來看，犯案時會緊張，在緊張的狀態下，再怎麼謹慎，還是會有沒注意到的死角。

相對於歹徒的心理狀態，我們在現場採證時卻可以冷靜的抽絲剝繭、集思廣益。可以說，我們的工作就是找出他的死角。

如果對方是冷靜的慣犯，或是像犯下林宅血案這樣專業的殺手，那就來鬥智鬥法吧。

比方說斑跡。歹徒滴了一滴汗，就算乾掉、無色無味，肉眼都無法辨識，鑑識工具仍可以讓它無所遁形，例如「多波域採證光源」，就是以不同波長反射、折射、吸收、激發的原理，可以反應出一塊看不見的斑跡。至於採到跡證的技術，就要靠經驗和個人的敏銳度了。

此外，各大路口、街坊巷弄的監視器，也有如天羅地網。現在大都市的犯罪越來越少，為什麼？因為影像檔案很多，歹徒不可能躲過每個監視器，從歹徒畫面出現的時序上排列組合，就像拼圖一樣，足以拼出他怎麼來、怎麼走、做了哪些事，還原事件動態，慢慢提升破案率，也嚇阻了犯罪。

曾經來訪的「那個叔叔」到底是誰？

而以林宅血案來說，非常遺憾的，先天和後天條件都不足。例如，當初曾有一通電話在犯案時間從現場打出去，到一家餐廳找人，那究竟是誰？始終查不到。林宅血案發生時，監視器的裝設不若現在普及，無法推論受害者返家，以及兇手闖入的時間。

雖然唯一生還的大女兒事後口述，當時是她開的門，還見到兇手的臉，但是因為年紀太小，受傷後因為驚嚇過度，記憶模糊，導致指認困難。也曾有目擊者說，看到當時附近有個蓄著大鬍子的男子。但是，每個留了落腮鬍的外國人長得都很像，而且大女兒說兇手是曾到過家裡的「那個叔叔」，並沒有提到大鬍子這個特徵，因此也無法證實。

這些都是當時時空背景下的限制，與今昔科技的落差。

在鑑識科技還沒有像現在這麼進步的年代，辦案的方式也跟現今有很大的不同。以前，警方會先將嫌疑人找來，不管有無證據，先問供再說。問的方法有很多種，你若不講，自有很多辦法逼你講，甚至會涉及刑求逼供的情形。

現在，警方找嫌犯問話，嫌犯有權利不說話，甚至不承認。警方累積種種證據慢慢推論，當最後的指標指向嫌犯時，就算不承認也不行，本書後面我們會探討一起「無屍命案」（詳見鑑識現場6），屍體下落不明，嫌犯也不承認罪行，但是證據會說話，當證據足以證明就是他，在沒有屍體的情況下，他還是被判有罪。

這就是物證的推理。

林宅血案就是缺乏物證可推之理。

始終撥不了雲的「撥雲專案」

血案發生後，無論由誰執政，每個人都很想破這個案子。它還有個名稱叫「撥雲專案」，當政者一天到晚想撥雲，但這個案子最大的問題就是沒有證據，即便懷疑誰，也無力可使。

我甚至想像過，凶手是誰，林義雄與他的家人也許心裡有數。這種不共戴天之仇，無論個性多寬容，都不可能不想破案。但即便我的想像屬實，林家也只能懷疑，無法大張旗鼓的說凶手就是誰，因為並沒有足以將歹徒入罪的證據，最後，林家也只能萬般無奈的選擇放下。

我曾跟林家老友田媽媽一起上電視節目，聽她說案發後的經過。林義雄當時在軍事監獄，政府當天讓他保釋出獄，她不敢對他提起，是直接帶到醫院的停屍間，由康寧祥（按：臺灣黨外運動要角）開口，而且還不敢一次說太多。林義雄先是聽到媽媽慘死，整個人像瘋了似的狂叫，之後，再聽到雙胞胎女兒也遇害，便完全崩潰了，醫生只好使用鎮靜劑讓他沉睡。

我從未碰過林義雄本人，但是聽完田媽媽這段陳述，我可以想像，家人被殺的那種痛切感受。我想，這一切對他日後的政治風格，多少有所影響，也讓他跟民進黨其他人都不太一樣。

後來，林義雄帶著女兒到美國去了，過了一段時間才回臺灣。林奐均如今也已長大成人，結婚了。

經過了四十年，**這個案子早已超過追訴時效**。當時曾有人預言，追訴期過後那幾天，可能會有人出來自白，但事實上並沒有等到這個人。當然，也有另一種推測，說凶手可能被滅口了，若是這樣，自然不會有任何人出來講話。

所以我的看法是，林宅血案終將是個懸案，永遠也破不了了。

從恐懼到面對，鑑識這一行就是替被害者申冤

經過這麼多年，我從一個頭髮濃密、黑實精瘦的年輕人，變成一個頂上逐漸稀疏的中年人，也從一個默默學習的菜鳥，成了警界及媒體口中相稱的「阿善師」。

走入鑑識這一行，再回首，我越來越覺得冥冥之中，命運自有安排。

從警官學校畢業，其實有兩條路可走，一條是走偵查，一條是做鑑識；偵查是抓活的壞人，鑑識要碰觸受害的死人，兩者差別很大。當初鑑識很冷門，大家根本不清楚這一行是要做什麼，學校教的也不多。當時，鑑識組有個位階名稱叫「技佐」，我還猜是修電器，還是修車子的？可見得我那時完全不懂。

因家族信仰民間傳統宗教，老人家說的都是輪迴，要我們敬鬼神而遠之，所以

我從小對黑暗、靈異、死亡這類事情都十分迴避，剛分發到鑑識組時，還傻傻搞不清楚，直到第一次接觸命案，才知道原來做鑑識要直接面對這些事。

所以在林宅血案之前的三年間，我調適得非常痛苦。尤其是睡在屍體照片底下這件事，每次輪到我值夜班都忍不住嘀咕，今晚關燈之後怎麼過。深夜的辦公室，朦朦朧朧的更恐怖，有時分不清是夢境還是鬼壓床，也不敢跟同事講，怕被大家笑，這對男人來說很沒面子。

但有一天我就想，這樣每天害怕也不是辦法，往後日子還很長。我告訴自己，不要害怕，若有鬼來找我，或發生什麼靈異現象，就當作他們是來申冤的好了，我試著用邏輯自我說服，殺人的才應該要害怕，我是來幫忙他們的，怕什麼？同時我也相信他們不會害我。

而且，我的恩師李昌鈺博士曾說過：「屍體會說話。」這句話當然不是說屍體會開口驚嚇你，而是老師教我們要面對，**要有能耐跟經驗去判讀屍體的姿態**，我們稱為「型態語言」；若因恐懼而不看，就接收不到屍體要透露給你的訊息。

轉個念，我用這樣的理念去調適，慢慢的，就能敞開心胸直接面對了。

林宅血案，讓我決心開墾荒蕪的鑑識園地

回到林宅血案上。

案發在民國六十九年二月二十八日，日子本來就敏感。每當這一天來臨，我都會重新掉進這個案子破不了的記憶，思索換作是今天的我，會怎麼做？問題出在哪裡？哪些地方可改進？一次一次的沙盤推演，一年一年不斷的想。對我來說，二二八已經不是歷史文獻裡的二二八，而是這個讓我親身經歷與震撼的二二八。

它帶給我許多啟示，這也是寫這本書，我將它擺在第一篇的原因。

當時的我很年輕，位階又小，毫無影響力，但我已感覺我們的制度需要改革。我鞭策自己，以後等到我有能力，要帶著後進，一起來改變它。

它也讓我內心有個種子開始萌芽，思索難道臺灣的鑑識只能做到這種程度嗎？說實話，當時我們的技術就真的只是拿刷子刷一刷、採集指紋這樣而已，我自問，我只能無奈的做做這些而已嗎？

早期鑑識不受重視，鑑識單位的薪資、福利都差人一等，升遷機會有限，不

易留住人才。我畢業時被分發到刑警大隊鑑識組，當時也覺得很委屈，曾經想過要調部門，但以前這樣做要靠關係，我一想到拜託人很麻煩，也就算了。經過一段時間，回頭發現這塊鑑識園地一片荒蕪，沒人想要耕耘，就掄起鐮刀鋤頭，認為只要自己稍加努力，一定可以闢地墾荒，播種結果。

我想要精進自己。當時，李昌鈺博士經常從美國帶回最新的鑑識科技，所以只要有機會，我就參加出國考試，因此得以三度到美國跟李昌鈺博士學習。

我一路從基層的技佐，幹到鑑識中心的主任，一直到退休，我這樣的抉擇也讓大家很訝異。因為以警政體系來說，一定要先調到別的單位歷練，充實資歷，像人事、督察、刑事等，才可能升到局長的位置，這是我們俗稱的「走跳棋」。單純走鑑識這條路，是不可能跳到局長的，一般人不會這樣抉擇，所以當初從鑑識出走的人很多，大家都不太樂意留下來。而我卻在這個領域一待就是三十三年，過去從來沒有人這樣做。

因為，每個人對成就的定義不同。

不管是從事法醫或鑑識，都需要一點執著的個性，堅持某種價值觀。很多法醫其實可以直接開業當醫生，可是他們選擇這條路，必定有對這份工作專屬認定的意義。這並不是抓到一個歹徒，被媒體大肆報導的那種風光亮麗，而是有了破案成果，默默在心裡的自我肯定，同時很重要的——這也是對被害者家屬的一份安慰。

當年的冷門科系，如今成了熱門首選

時代不同，大家的價值觀跟著改變了。今天，警大的鑑識系已經變成最熱門的科系，而且門檻很高，需要足以考上知名大學前三志願的頂級分數才進得去，甚至有醫學系的學生，放棄當醫生的機會，選擇鑑識系；國家現在也給鑑識人員很好的保障與待遇。我們單位的地位隨之提升，從刑警大隊鑑識組變成鑑識中心。當然這並非我個人的努力，而是時代慢慢在演進。剛開始的荒蕪一片，到現在，已經不怕找不到優秀的人了。

我擔任主管後，就常跟同仁講，每接到一個案子不用學多，只要學到一、兩個以前沒想過的，把它記下來，等累積一百個案子之後，你就比別人多了一、兩百個經驗。

一名菜鳥怎麼可能從一件案子就包山包海，將別人幾十年的經驗統統吸收？所以鑑識人員不能貪多也不能貪快，要腳踏實地、按部就班的來。

另外，也不能怕接案。作為一個承辦人，接到案子要過濾證物、寫報告、畫圖表，還要承擔法律責任，所以很多人怕接案，認為多一事不如少一事。我們是責任制，很多人值班時沒接獲案子，就很慶幸；要是值班時一口氣來了三個案子，就說很倒楣。

各行各業可能都有些忌諱，連檢察官也是，什麼日子不能穿什麼衣服、不能動什麼東西，或是不能跟別人換班等。我的同仁也會說：「唉呀！主任，你不要再講『最近都沒有案子』了，你一提，怕案子就會很邪門的冒出來。」

我常說「開餐館就不要怕客人上門」。生意好不好不是你能掌握的，但既然來了，就要接受挑戰、從中學習。我們不是要求案子上門，而是要面對。因為鑑識很重視經驗，不是只要擁有工具就好，就算你有寶劍，也需要在江湖累積實戰歷練。一年接零星幾個案子跟接一百個案子的鑑識人員，功力當然大不相同。

每一件案子，都是別人用活生生的悲慘命運，成為你學習的道場；每一樁悲劇，都是別人用生命來讓你累積經驗、成長的平臺，為什麼不認真學習？我們要珍惜感恩。

為了正義，我樂於分享多年累積的鑑識經驗

曾經有人問我，為什麼要退休？

其實國家給我的薪資福利都很高，長官對我的期盼也很大。但是，只要在公務部門一天，便會被這身分框住一天。跳出來，才能做其他我想做的事情，例如寫書，還有私人鑑定。

寫書不是為了得名，我希望能在有生之年，將我所學所感記錄下來。我常想，有一天我若倒下，累積的這麼多經驗和對鑑識的想法，也隨我化為塵土，這不是很可惜嗎？至於私人鑑定，臺灣的公務人員不能兼職，唯有退下來，我才有機會站到另一面，協助真正有冤屈的案子。

法律制度本該有平衡機制，法庭不能是只有一面倒的一言堂。過去，我始終站在控方，但也同時看到辯方的不足與無奈，畢竟辯方只能透過律師為他辯護，而律師在鑑識方面的抗辯能力相當不足，除了公務單位，國內並沒有這方面的專家，於是官方鑑定成為權威，法官的習慣性認知也從未改變。

但倘若鑑定的推論有偏差呢？那就有可能形成冤獄，又或是錯放過真正的歹徒，比方說我們在後面篇章會講到「死刑辯論」（詳見鑑識現場8），就是一個從八年徒刑到死刑之間極大翻轉的判例。

我一生都站在公家單位立場，卻醒悟到，**我們不能只有公家的意見作為權威。若它不是絕對正確的，就應該挑戰它**。我們需要更開放一點，慢慢推動、改變這個觀念。

什麼是正義？**伸張正義需要冷靜的思維，與基本知識素養的訓練，才能做出有意義的探討與判斷**。現在的社會，發聲管道很多，每個人都可以表達自己的想法。臺灣最特別的社會現象是，電視上的名嘴和媒體新聞，常用重重猜測與誇大拼湊，一天到晚爭吵；民眾被種種誇大或不實的報導帶著跑，透過網路發酵發言，導致輿論辦案、媒體審判，彷彿每個人都是柯南或法官，專業的意見反而不被尊重，變得很薄弱。

每個案發現場，我通常都是第一個到場。憑著現場真實的勘察與專業的鑑定，陳述事實，倘若每個人都不在乎或不接受這樣的意見，這是很可悲的。

運用我的科學訓練，從鑑識出發，邏輯推理，幫助讀者比較客觀的思考並看見事實，這是我寫這本書的初衷，與我認知應盡的社會責任。

鑑識特區

屍體冷卻（Algor mortis）

人體死亡時，體內之熱產生機能即停止，屍體溫度會漸次下降，自然冷卻。一般死後數小時內，雖肩部尚存有溫感，但露出於空氣中之四肢、額頭等部位會較早冷卻。

正常體溫，死亡最初十小時，每小時約下降攝氏一度左右，之後每小時溫度下降〇．六～〇．八度。若下降兩、三度，觸摸人體就會感覺不對，與正常體溫已有溫差。溫度已下降十度的屍體，手感會像觸摸到常溫豬肉一樣冰涼。（見下頁表格）

其實欲判斷死亡時間，不只有溫度，還有屍體的僵直程度、屍斑的下沉等現象。所謂的屍斑，是指血液下沉滲到組織裡面產生的有色斑紋，是法醫學的概念。這些都需要經過綜合式的判斷才能推論。

體溫	死後經過時間
36 ℃	1-1.5 hrs
35 ℃	2-2.5 hrs
34 ℃	3-4 hrs
33 ℃	4-5 hrs
32 ℃	4-6 hrs
31 ℃	5-7 hrs
30 ℃	6-9 hrs
29 ℃	7-11 hrs
28 ℃	8-13 hrs
27 ℃	9-15 hrs
26 ℃	11-17 hrs
25 ℃	13-19 hrs
24 ℃	15-23 hrs
23 ℃	18 hrs以上

身高的推定（Presumption of Height）

現場被發現之手跡、足跡在決定個人異同上甚為重要，且手足跡之長寬，均與身高有相對關係。因此，測定手足跡長寬，可推測其人之身高。

	男性		女性
身高	=手長×2.26+124.8	身高	=手長×2.85+106.6
	=手寬×7.66+108.0		=手寬×1.51+143.1
	=手跡長×8.04+115.1		=手跡長×2.52+114.3
	=手跡寬×5.80+124.0		=手跡寬×1.22+146.5
身高	=足長×3.12+89.9	身高	=足長×2.06+107.7
	=足寬×5.41+113.9		=足寬×0.93+146.2
	=足跡長×3.2+92.0		=足跡長×2.03+110.9
	=足跡寬×8.03+93.58		=足跡寬×1.57+141.6

單位：公分（cm）。
資料來源：公式取自《法醫學講義》，葉昭渠編著，中央警官學校出版，民國 71 年 3 月再增訂初版，第 262～263 頁。

一般狀況下，腳印越大，身高越高，比例約一：七（劉氏身高係數為一：六．八七六）。但鞋印不等於腳印，可依照鞋型，將鞋印減去內外差與放餘量（約二十毫米）作為常數，鞋印－常數＝赤足。（見上頁表格）

警方接獲報案SOP

犯罪行為發生或發現後，對現場處理，通常分為兩個階段，第一階段是受理報案之警察單位的初步處置；第二階段則為負責偵查之刑事警察單位所採取的措施。第一階段貴在立即反應，迅速抵達現場；第二階段則係由刑事偵查人員會同鑑識專業人員，實施現場勘察及現場調查工作。

此兩階段的作為，其實是連貫與合而為一，也同等重要。第一階段如果處理不當或破壞現場，則必將嚴重影響第二階段現場勘察效果。刑案現場第一階段初步處理的標準作業程序（SOP）敘述如下：

一、接獲報案：迅速抵達現場、備妥應勤裝備。

二、了解案情：了解案情內容、留置必要證人。

三、救護傷患：確認當事人是否有救、聯絡救護緊急送醫、救護前後照相記錄、陪同送醫錄音蒐證、蒐集衣物採取跡證、調閱影印醫療紀錄。

四、逮捕嫌犯：逮捕現行犯或清查嫌疑人、注意歹徒是否藏匿現場。

五、現場觀察：記錄到達時之現場狀態、記錄到達時之在場人員、注意進入現場路線及腳步、觀察現場特殊或異常狀況、搜尋是否另有死者或傷者、注意歹徒是否藏匿於現場、記錄現場圍觀群眾。

六、跡證保全：危險物品緊急處理與記錄、戶外跡證暫時保護或處理、環境因素考量屍體之處置。

七、現場封鎖：界定現場封鎖範圍、設立三道封鎖線、記錄進出之人員與時間、嚴密現場封鎖警戒。

八、案情通報：將案情回報長官及通報勤務中心。

2

耗盡龐大社會資源的強盜殺人案

——六次判死、三次判生的蘇建和案，民國 80 年

這幾乎是無人不知、無人不曉的命案，除了殺人手段凶殘之外，它像一個巨大漩渦，攪動整個社會長達二十餘年，改變了許多人的命運，最終的結果被視為臺灣人權運動的一大勝利。

但是，在我心中，它始終是「吳銘漢夫妻命案」，凶手為了六千多元，破壞了一個幸福美滿的小家庭；被害人當時才剛上小學的一雙兒女，因為目睹父母雙亡，身心重創，人生從此坎坷，親人也受到波及牽連。

對於這個距今已有三十年的案子，我感觸很深。因為當時警方辦案重偵查不重鑑識，證據不足，才會讓「吳銘漢夫妻命案」變成「蘇建和案」，**歷經六十八位法官之手，六次判死、三次判生，六任法務部長全都不敢簽下死刑執行令**，纏訟多年，媒體、人權團體、政治力傾力介入，耗費龐大的社會資源。

回顧這個案子，我內心也特別糾結。我與這起案子原本沒有直接關係，因為發生地點並不屬於我職責範圍的轄區。此案在法庭上來來回回不知多少次，高等法院於是請法醫研究所組織專家團隊，專門研究這個案子，我便以專家身分獲邀參加。

當時，我已經知道要面對的是極具爭議性的案子，但我萬萬沒想到，最後竟會演變到要和恩師李昌鈺博士「公堂之上，師生對決」的局面。

這個案子雖然已經三審定讞了，可是深入理解，還是有許多悲哀，現在，我終於有機會忠實陳述此案，希望在讀者面前能回歸案件主軸，從參與鑑定的角度，與大家一起針對證據面來討論。

吳氏夫妻夜半慘遭殺害，緝凶靠一枚血指紋

吳銘漢居住在汐止長江街，開了一間小工廠，和妻子葉盈蘭育有一雙剛上小學的兒女。這個原本幸福美滿的小家庭，於民國八十年三月二十四日凌晨，遭命運之神無情粉碎⋯⋯。

兩個孩子一早醒來便覺得奇怪，為什麼媽媽沒有叫他們起床上學？吳家長女當時七歲，走到爸媽的房門口，發現門是鎖上的，但是從門縫隱約可以看到地板有血，她急忙打電話給伯母，也就是吳銘漢的長嫂。吳銘漢長嫂一聽，趕緊過來查探，央求鄰人與她合力撞開房門，這才驚見吳氏夫妻被亂刀砍死，床單染紅、血漬

四濺、地板積血，現場宛如煉獄。

警方接獲報案後，火速趕到現場勘察，接著馬上開始訪查附近的不良分子、列管分子與前科犯，可是並無所獲，最後是透過鑑識方面的發現，找到緝凶的線索——承辦人員在命案現場發現一個薪資袋，並在上面採獲一枚血跡指紋，經比對涉嫌對象及指紋資料庫後赫然發現，指紋屬於一名有前科的現役軍人王文孝。

但是，警方深入了解，納悶王文孝是南部人，與汐止並無地緣關係，怎麼會跑到汐止來？經過進一步調查才發現，原來王文孝的父母早年離異，母親改嫁，他跟著父親生活，他的母親再婚後輾轉搬到北部，就住在吳銘漢的對面。

雖然母親改嫁，王文孝與弟弟王文忠還是跟母親時有聯繫，他北上尋友玩樂時，就會借住在母親家。**因為是借住，汐止的戶籍資料上自然查不到他。**又因為經常來借住，王文孝和對門的吳銘漢打過好幾次照面。他察覺到對方家境不錯，之前就曾經因為缺錢，從窗戶攀爬潛進吳家偷竊，都下手成功，因此食髓知味，再起犯心。

王文孝當時正在服役，曾因素行不端，被送到軍中的明德班管訓，類似我們一般所知的流氓管訓，所以警方的資料庫有他按捺的指紋檔案，這次才得以循線逮捕到他。

王文孝到案之後，本來抵死不認，直到偵查人員將血跡指紋比對結果當著他的面擺出來，他才知道鐵證如山，無法狡辯，至此才承認犯案。一直到槍斃之前，王文孝都沒有改口過。

積欠賭債導致心生歹念，進而引發殺機

既然王文孝已承認犯案，那麼喧騰一時的「蘇建和案」又是怎麼來的？其實一般通稱的蘇建和案，較準確的說法應該是「蘇建和等三人案」。

民國八十年八月中旬，距離案發五個月，汐止分局宣布偵破吳銘漢夫妻命案。一開始，王文孝供稱是他一人所為，後來卻招認有其他共犯，分別是王文忠及其同學或朋友蘇建和、劉秉郎和莊林勳等四人，蘇建和這個眾所皆知的名字至此才正式浮出檯面。所以，**蘇建和等人並非由警方查到，而是王文孝供出來的。**

根據當時檢察官採用王文孝供詞的起訴內容，本案完整始末是這樣的：

民國八十年三月二十三日晚間十一點，現役軍人王文孝從營區放假出來，北上夥同弟弟王文忠及蘇建和等三名友人，一起到汐止某遊樂場撞球玩樂，一直到凌晨三點，才分別騎機車返回王氏兄弟落腳的汐止住處。

當時，王文孝手邊積欠賭博性電玩三萬多元，其他四人也表示手頭上缺錢花用，這幾個人因此惡從膽邊生，共謀到鄰居吳銘漢家行竊取財。談妥之後，王文孝先叫弟弟把風，再從住處拿了一包刀器，包括開山刀、水果刀，以及一把警棍，給蘇建和等三個人，接著，一夥人就持械前往吳宅。

王文孝先爬到吳家的頂樓陽臺，從沒有上鎖的鐵窗爬進去，再打開前門。夜深人靜，吳家四口全數進入夢鄉，渾然不覺自家門戶已經大開。王文孝等四人登堂入室後，便在客廳裡搜尋財物，可是一無所獲。他們不想空手而返，於是王文孝走到廚房，取了菜刀，和其他三人謀議，決定直接進入主臥室強搶。

四人入侵主臥室後，由其中兩人負責挾持從昏睡中驚醒、毫無防備的吳氏夫婦，另外兩人則負責掠劫財物，一陣翻箱倒櫃之後，總共搜刮了現金六千多元與四枚金戒指。

王文孝劫財得逞後，轉身一看，發現吳銘漢的太太葉盈蘭頗具姿色，竟起了獸心，動手強脫葉盈蘭的睡衣和內褲。吳銘漢見狀，氣急攻心，意圖反抗，立刻被其他人集體持刀砍殺，最後不支倒地。

隨後，葉盈蘭便被輪姦。遭受欺凌的時候，她不斷流淚，苦苦哀求，但是王文孝擔心事後被指認出來，心一橫，完事後索性殺人滅口。

他們四人分別持刀械砍殺吳氏夫妻，最後吳銘漢身中四十二刀、葉盈蘭三十七刀，刀刀見骨，歹徒直到確定兩人都氣絕身亡才停手。

強盜殺人之後，四人開始收拾殘局。

他們先在浴室內清洗身上的血跡與凶器，並清除現場指紋等犯罪跡證；接著，王文孝將做案的菜刀放回廚房，其他人將葉盈蘭的衣褲穿上，以掩飾姦淫的痕跡，再逃離現場。後來，他們將凶器帶到基隆丟棄，戒指則由王文孝典當花用，所得現金由五人分贓。

主嫌早已伏法，共犯卻纏訟二十餘年

主嫌王文孝隨後交由最高軍事法院速審，判處死刑確定，隔年槍決。負責把風的弟弟王文忠，當時也是現役軍人，依軍法以竊盜罪判刑兩年八個月。而王文孝供出的同夥共犯蘇建和、劉秉郎、莊林勳等人，則被警方移送法辦，從此開始歷時超過二十年的纏訟之路！

這個案子歷經六十八位法官之手，真相到底是什麼，已經成為羅生門。法庭訴訟來來回回的次數已經數不清了，有罪？無罪？只有兩個極端的選項可以選擇，對法官來說，這個案子實在很煎熬，因為真正能夠確定的，只有「命案之前，疑犯五人曾一同玩樂」，以及「王文孝確定是命案主嫌」；命案現場真實的情況，已經和死去的吳氏夫婦與王文孝三人深深埋葬在一起，或許也深藏在獲無罪釋放的蘇建和等三人內心深處。

這起案子疑雲重重，原因和江國慶案（詳見鑑識現場3）頗為類似。這兩樁案件，嫌犯供訴的自白版本前後都變來變去，令人難辨真假。蘇建和等三名共犯被捕後，他們**在警方的自白書上，都坦承參與做案，可是後來在法庭上，卻又一一翻供，改口說是遭到刑求。**

最後法官量刑的關鍵點，發生在王文孝被槍決的前一天。

民國八十一年一月十一日，軍方準備執行軍法槍決，審判蘇建和案士林地院的法官非常緊張，因為主嫌一經槍斃，這個案子就再也沒有證人，所以在**行刑前一天**，他最後一次審訊王文孝：「他們三人有做，一樣罪有應得？」

王文孝回答：「一樣罪有應得。」

正所謂「人之將死，其言也真」，王文孝死前說的最後這句話，形成了一審到三審所有法官強烈的心證，最後，法院判處蘇建和等三人各兩個死刑，並褫奪公權終身。這樣的判決一直維持不變到三審定讞，只等待最後執行。

六任法務部長，沒人敢批示死刑執行令

但是，死刑遲遲沒有執行，最主要是因為沒有直接證據，主要僅靠王文孝的供

詞指認，再加上疑似遭到刑求等程序問題，以及之後的政治因素介入，這個案子歷經六任法務部長，都沒有一個人敢批示死刑執行令。

本案三審定讞後，很快引起人權律師的關注，他們成立了一個冤獄平反團體，聲援蘇建和等三人。然而三審定讞的刑案要翻案並不容易，甚至能說幾乎不可能。監察院針對此案，曾要求檢察總長提出三次非常上訴，但都被最高法院駁回。最後會翻案，是辯方律師以發現新事證為由，要求法院重審，因此才有了李昌鈺博士參與鑑定的後段故事。

我一生受鑑識科學訓練，重視科學精神，在我看來，這個案子之所以纏訟二十年的癥結點，追根究柢，問題就在「科學辦案」這四個字。

以前警方辦案，較不重視現場採證，辦案多著重在偵查方面，先抓人，再找證據。如何形成一股「壓力」，讓嫌犯吐實，也是一門學問。刑求不一定是直接打人，言語也可以是一種刑求，恐嚇、精神虐待、疲勞問訊等皆是。因為方法有很多種，在過去，這些「方法」就被戲稱為「科學辦案」。

為什麼要刑求？當然是因為方法有效，而且快速。如果沒有效就不會一直使用。所以，以前犯罪的人被抓，怕的不是要蹲多久的牢，而是進到警局立即會遭遇的痛苦。過去警察最喜歡打小偷，因為小偷多為累犯，往往破一案可以連破多案。這些都是早期警方辦案的模式，隨著人權觀念和辦案技術進步，現在已經不敢這麼做了。

暫且不論蘇建和等三人供詞反反覆覆，即使是讓歷任法官形成強烈心證的王文孝死前證詞，不相信的人也可以懷疑是「死前還想抓人墊背」，因為人的證詞是可變的。這也凸顯嚴謹的蒐證是多麼重要，若有確鑿的證據，自然能形成牢不可破的結論。但是，此案最大的問題，第一是有刑求逼供的疑慮，第二則是證據的缺漏。

僅憑外觀判斷傷口，錯失採證時機

民國八十年的時空背景，和林宅血案很相似：案發時一堆人進到案發現場，但沒有穿鞋套，又沒採鞋印；而臥室及浴室的毛髮，第一時間並未全部採集；此外，下體亦無採證，被害者屍體也沒有解剖，這些是屬於法醫的工作。

我是案發多年後，才加入專家團隊承接此案，只能憑藉前人採集的證據與照片，作為推敲與鑑定的依據。說老實話，這個案子，不管是在法醫、鑑識以及偵查方面，留存可用的證據並不多。

假如當初有**採集鞋印**，便可以解決很多事情，尤其犯案人數，正是此案第一個關鍵問題。嫌犯可以不留指紋，但不可能腳不著地，即便有五十個人的鞋印破壞現場也沒有關係，只要一一排除，再根據剩下的鞋印，就可以證明是否有多人犯案。除此之外，還可以依據鞋印來推論犯案的動線，重建現場。

至於浴室，當時確實採到了一些血點及毛髮，但，正確的做法是將**浴室中的毛髮全部採集起來**，慢慢分類、鏡檢，再來鑑定。尤其嫌犯供稱，他們曾分批進浴室洗澡，不管怎麼樣，毛髮不會爛，就算事隔二十幾年，假如當時採集了所有毛髮，我們現在便能做鑑定，也許會有新發現，形成直接有效的證據。

接著是**下體精液的採證**。當時現場的情境是：臥室遭到翻動，死者頭部都是刀傷，但衣著完整，於是法醫認定是強盜殺人。既然是搶劫，凶手搶完及殺人後就走了，法醫根本沒想到死者生前曾遭輪姦，因為一般強盜殺人時間都很短促。但是，這是人的主觀認知，他既認定是強盜、而非強姦，可能就認為沒有必要下體採證，即便這只是**一根棉棒就可以解決的事情**。

另一個缺失是當時**沒有解剖**，僅從外觀判斷傷口。其實，真的說起來，那個年代的解剖率不高，但是，這麼重大的刑案，如果當時解剖了，就可以從傷口的型態及縱深，來判斷刀的種類。

正常來說，一個人拿一種刀，會有一種傷口，兩種刀就會造成兩種傷口，但是，要說一個人拿三種刀，那是漫畫中才有的情節，現實中不太可能。而且，只要一解剖，被害人是否有遭到強暴或輪姦，除了下體傷痕可立即判斷之外，亦可經由下體採證加以證實。

當然這些都是事後諸葛。那時的採證作為不完整，這已經是既成的事實，而且拿現在的標準，來看二十年前的時空環境和背景下的認知和作為，自然會有落差，但是以現在的眼光來評論並不公平。我之所以一一列出這些事實，只是想攤開事證，與讀者一起探討。

最後由法醫與鑑識團隊接手燙手山芋

法醫、鑑識、偵查應當是團隊作戰的概念，並非自己負責的部分做得很好就沒問題了。事實證明，各自的工作最後都會環環相扣，任何一個環節殘缺，都可能讓整個證據鏈因此斷掉，最後功虧一簣，全盤毀於一個未執行的細節。

所以上課時，我經常告訴學生，邏輯上要當作對案情一無所知，將自己放空，老老實實按照SOP採證，不要主觀認定犯罪事實、選擇性採證，才是正確的現場鑑識觀念。

這起命案並不是臺北市的案子，發生在汐止，是屬於當時臺北縣的轄區。在警界，轄區的分際很嚴謹，基本上相當忌諱越區與越權，我們會盡量不去踩人家的地盤，如果要到別人家去抓犯人，需要先知會當地警方，這最主要是因為權責劃分與安全考量。過去就發生過一個案例，因為不知道來者是好人還是壞人，結果制服員警舉槍射擊便衣，整個亂成一團。所以是自己或別人的案子，我們會分得很清楚。

那麼我是怎麼介入這個案子的呢？最後甚至在眾目睽睽之下，和恩師「公堂之上，師生對決」？此事說來話長，我也十分無奈。

由於法官的自由心證需要以證據為基礎，而這起案件除了人證之外，直接證據闕如，唯一人證王文孝最後也伏法槍決了。在沒有充足的佐證之下，一判就是生死抉擇，而且要量度刑責的還不只一個人，事關三人的生或死，這個責任實在太重大。素材不夠，讓每個承接的法官都很頭大。

由於案子來回太久且太多次，隨著時間拖延，最後沒辦法，經核定再審後，高院將整個案卷函交給法務部法醫研究所，要求他們組織一個專家團隊，專門研究這個案子。

每個人都知道這是個燙手山芋，但在體制內是難以推掉的，所以，我成了被延攬的專家之一。我當然知道這是非常具爭議性的案子，我接下來的原因，是想要磨練與挑戰自己，只是沒想到，這決定後來造成很大的為難。

承接此案後，因現場已不可考，我們只能針對現有證據，再仔細推敲與鑑定分析，來回覆法官的問題。法官想知道的結論，簡單講，不外乎就是：這個案子究竟是不是王文孝一人幹的？到底有沒有其他共犯？做案的凶器有幾種？

這個團隊裡，我們每個人都有不同的專業領域，做不同的分工鑑定。我負責的鑑定領域，主要是血跡型態分析與死者衣服有無更換，以及現場重建。至於刀傷、凶器等，則由法醫等方面的專家來負責。

為了查明做案凶器，不惜開鐔驗骨

我們這個專家團隊，花了一年半的時間，總共開了二十一次會議，最後總結推論，出了一本鑑定報告。簡而言之，當時的結論是：兩人以上做案，凶器有三種，分別為菜刀、開山刀、水果刀。

這個結論得來並不容易，因為當初案發時沒有解剖，也沒有做刀種判斷，只推論是重型刀，而且凶器也被丟掉，遍尋不著。後來，法醫研究所取得家屬同意，開鐔驗骨，將被害人的所有骨頭帶回實驗室。經查，被害人幾乎九五%的刀傷都是在頭部，在顯微鏡下一比對，發現有的刀痕是比較薄的刃，有些比較厚，角度都不太一樣。

這些厚薄刀痕到底屬不屬於同一種凶器呢？為了判讀，專家團隊後來委託臺大應用力學及醫學工程方面的教授，用豬頭做實驗，再用電腦斷層及超音波掃描檢測。實驗出來的結果，刀痕角度跟菜刀、開山刀、水果刀等一致。我個人也同意兩人以上、三種凶器的邏輯推論。

至於我負責的衣服部分，我的推論是凶手並沒有為死者換衣服。依照現場照片及錄影帶資料所見，我從葉盈蘭衣服背部多處中速度的噴濺血點、衣服上血跡暈染分布的情形，以及背部傷口處印染的血痕，研判她陳屍身上穿著的衣服，應該就是遭殺害當時所穿的。

我的推論跟法官採用的版本不同。法官採用王文孝的證詞，他們強姦妻子時，丈夫在一旁，待分別殺害兩人，再將妻子衣服換穿，以掩蓋強姦事實。

我們顧問團中，也有人反對我的意見，認為應該換過衣服。我對此回應：「請來說服我，讓我接受，不然這部分我可以不要鑑定，退出換人鑑定。」我的原則是站在專業立場，說出我相信的事，為我的專業負責，而血跡型態就是我的專業。

我們不可能扭轉時空，重返當時的現場，只能事隔多年後從照片中研判。穿著原本的衣服被殺，跟被殺之後換了衣服，兩者的血跡型態是不一樣的。

關於衣服，幾年後李昌鈺博士受邀回國參與此案鑑定，他的見解跟我的看法一致。不過我只說衣服沒有換，褲子我不確定，但是李博士說，他鑑定的結果是連褲子也沒有換，也沒有被輪姦，因為衣服上下體的位置並沒有血跡。

李昌鈺博士為什麼會回國加入這件案子的鑑定呢？

辯方不接受檢調結果，跨海求助李昌鈺博士

在法醫研究所的報告出爐之後，辯方律師認為這份報告，對蘇建和他們幾乎全是不利的推論。反對的人也說，「兩人以上，三種凶器」，是配合刑求取得自白所做成的結論，是串通好的。

這樣的指摘，情何以堪？我曾捫心自問，法醫研究所的鑑定團隊與蘇建和等人素昧平生，我們並不需要害人；臺大教授也無須為了陌生人的案件，拿自己的學術研究自毀清譽，且彼此無怨無仇，何必非置人於死地不可？以我負責的鑑定部分來

說，衣服沒有更換，與王文孝的證詞不同，這推論便是對被告有利，而非如他們所言是不利的。

可是，辯方的反應和態度，不免讓我有種感覺，因為這是他們要拯救的對象，凡是與他們認知不同的、對被告不利的，就完全不接受，並羅織許多情境。於是，辯方律師要求另外再找一組專家來做相關鑑定。

法醫研究所屬於實務單位，所以，高等法院後來找學術單位再組成一個團隊。他們這次找的是警察大學的教授團，這些老師們個別有其分科的專業，研究了半年，出了一份報告，那份報告的意旨是同意法醫研究所鑑定的結論。

這下，辯方的律師更不能接受了，認為是體制內的人互挺，於是跨海去找李博士幫忙。

李博士的推論與法醫團隊的研究報告，有很大出入

一開始，李博士看了資料以後，在A4紙上寫了一些個人意見，然後簽名。這

些意見總結就是，他傾向於「一人一刀」；這個推論意指「是王文孝一人所為，凶器只有菜刀一種」。

可是，法院不接受法庭外的「傳聞證據」，法官說，若要他接受李博士的意見，首先，李博士必須接受法院的委託，再做鑑定；第二，李博士必須回國，在法庭上接受交互詰問。

李博士答應了，因此才有後來我們師生在法庭相見的尷尬場面。案子的鑑定發展到這裡，「兩人以上，三種凶器」與「一人一刀」，到底邏輯上該如何檢視？

第一個，無論一人或多人犯案，那是一棟老公寓，左鄰右舍彼此距離都很狹仄，而被害者的子女就睡在隔壁房間，他們沒有遇害，也沒有聽到任何吵雜的聲音。警方亦訪查過附近居民，大家都說那是個安靜的夜晚，沒有半個人聽到任何騷動或喊叫，這很奇怪吧？的確，這實在令人匪夷所思。

但是，同樣離奇的是，如果真的是一人所為，王文孝單獨一個人要如何同時制服兩個人？尤其吳銘漢是個壯漢，本身又是跆拳道二段，一對一時，怎會這麼容易就被撂倒？如果是先控制一人，以生命威脅來壓制、綑綁另一人，兩名死者身上卻都沒有發現遭到綑綁的痕跡。

再者，倘若是一人所為，兩名受害人身上共被砍殺了七十九刀，可以想像一下那樣的光景，需要花多少時間？又多麼耗費體力？當夫妻兩人有一人被殺時，另一人在做什麼？難道真的連尖叫的機會都沒有？

在這樣的背景基礎之下，夫妻兩人被一人所殺的可能性有多大？

李昌鈺博士的見解是：凶手可能是在吸毒亢奮失控的狀態下，在很短的時間內撂倒受害者，動作快速到讓兩個人都來不及喊叫。所以，也就是說，在這種狀況下，也不會有強姦的事實。

對於蘇建和等三人夥同王文孝涉案的可能性，他認為命案現場的臥室空間太小了，扣除家具等物，擠不下他們四個人同時犯案，如果再加上兩個被害者，六個人一起打鬥、揮刀，一定會傷到彼此。

至於法醫研究所用死者的骨骼鑑定刀痕角度，李博士則嚴加批評，表示這在全世界史無前例、絲毫不科學，無法當證據。他的看法是，一把菜刀有三個面、五個角度，就足以造成兩名死者身上七十九道、大小深淺不一的刀傷。

法官最後沒有採納法醫研究所提出的「兩人以上，三種凶器」這個推論，因為要讓法官接受，必須是已被認可的、學理上沒有問題的推論。然而各種跡證都沒有了，即使開鑹驗骨，肉也都不見了，裡面只剩骨頭，無法回溯取得任何新事證。

後來，為了這個案子，**法醫研究所將實驗結果寫成論文，在國外發表**，獲得國際上的認可，這表示當初骨骼刀痕鑑定的方法，是經過學術研究認證的。不過，李昌鈺博士還是認為該篇文章不屬於科學性論文，而法官也認為論據尚不足採，況且這是之後發生的事了，已無法推翻前面的判決。

因證據不足，蘇建和等三人獲判無罪

蘇建和講過一句話：「就算法醫研究所的鑑定是對的，兩人以上，三種凶器，**跟我們又有什麼關係？**」

我覺得這句話說得太妙了——正是因為沒有他們到場犯案的直接證據，所以邏輯上，路上隨便找三個人，都可以說他們拿三種凶器犯下此案，但又都無法證實是他們幹的。

他這句話說到關鍵，一語中的。雖然根據我私底下了解，仍然有不少人認為他們涉案的可能性相當高，但學科學的人與法官的判決，都必須符合邏輯的基礎，職業敏感度不能當證據，只能聽聽而已。

民國九十九年，因蘇建和案應運而生的《刑事妥速審判法》，經立法院三讀通過。民國一〇一年，本案經過「再更三審」，判決蘇建和等三人無罪，依《速審法》第八條規定，不得再上訴。**蘇建和全案訴訟長達二十一年**，至此終告定讞。

在證據不全的情況下，這個案子反反覆覆，像個大輪迴一樣，吵來吵去二十幾年，就是因為當年採證不足，才惹出後續許多問題，也對接觸此案的很多人與事，造成日後莫大的影響。

據聞，當初案發幾個月後，曾經想請法醫楊日松博士開棺驗屍，採證檢驗有無輪姦的事實。楊日松說：「你現在才找我去幹什麼呢？東西都爛掉了。」因為精液屬於生物跡證，很容易腐敗裂解。當初這簡單的採證動作沒做，等到事過境遷，幾個月後發現影響到案件的證據連結，才回頭想做，早已經來不及。現場蒐證僅有一次機會，選擇性採證的結果，勢必無法挽回補救。

第一時間做足採證，有助釐清破案關鍵

蘇建和案會引起這麼大的爭議，最關鍵的原因正是採證方面出現很大的敗筆，包括下體沒有採證，使得案情無法釐清。法務部以此為鑑，發布了一份函文，自此以後，**命案現場除了死因非常明確，例如車禍，凡案情不確定者，不分老少、不分案件，一律要採證下體。**

承接蘇建和案的法醫跟我很熟，他也很無奈，最後他因本案的疏失被彈劾，而黯然離開職場。另一方面，也是因為採證不全的關係，法醫研究所才會成立鑑定顧問團，也才導致後來人權團體邀我的老師李昌鈺，參與此案的鑑定。

當初，我如果知道幾年之後李博士會參與這個案子，我再怎麼想挑戰自己，都不會接下這個案子。我三度去美國進修，都在李昌鈺博士的門下，我非常感恩老

師在美國對我的照顧。我個性傳統，尊師重道讓我在情感上很抗拒跟老師站在對立面，我相信李博士有此雅量，但我自己心裡很在意。還好法官並沒有讓我們像打擂臺一樣當面對質，而是分別詰問，否則就更傷感情了。

以專業的態度拼圖，盡可能還原事實真相

在國外，法律人及鑑定專家在法庭上，各自為自己的原告與被告激烈爭辯，私下相見時，卻能談笑風生、情誼依舊。這對他們來說很尋常，也許是因為他們的價值觀與道德觀，跟我們東方人很不一樣，這是很值得學習的地方。

當時，法院開庭，我們幾位代表法醫研究所的鑑定顧問團正要走進法庭，旁邊就有許多抗議的民眾謾罵我們，極力把我們妖魔化，讓我印象非常深刻。其實在證據殘缺不全的情況下，專家硬著頭皮承接這樣棘手的案子，已經是吃力不討好。但即便如此，還是要拿出自己的專業，盡己所能的來拼圖，努力接近事實真相。正是因為證據片段，才需要從不同角度解讀、研判，提供法官形成自由心證的根據。

碰到這種燙手山芋，很多人心裡都想要能避則避。其實，堅持不接也是可以的，保持清高，反而沒事。但是，如果不接，這個案子該如何往下走？接了，又挨罵，專家何其無辜！在這種一面倒的社會氣氛當中，期待有人站在公平對等的立場挺身而出，是多麼艱難啊！

我想傳達的理念是，各方皆可以堅持自己的看法，但必須有一套推論邏輯，在法庭交互詰問的過程中，盡力說服法官，但不要為了反對而反對。

蘇建和三人獲釋，很多人認為這是人權的一大勝利、一大改革，有它正面的意義。反過來說，我深入這個案件，將不為人知的過程與證據面的邏輯推理，攤開在世人面前，也是希望它能帶來啟發與改進的空間，發揮教育的作用，讓大家能建立這方面的知識並客觀判斷，別再人云亦云。

捍衛人權之後，誰能替被害者討回公道？

蘇建和案，這個重大案件，社會上幾乎人盡皆知。但是，還有多少人知道它原本是吳銘漢夫婦命案？

因為區區六千多元引起的強盜殺人案，二十幾年來像一個巨大漩渦，翻攪臺灣社會對於正義的想像。但是，風平浪靜的漩渦中心，命案被害人吳氏一家，又有多少人聞問？相對於蘇建和等三人受到的關注，吳家所受到的傷害與衝擊，無疑才是最大的。

吳銘漢一家原本很美滿，案發後，夫妻雙亡，而照顧兩個稚嫩遺孤的責任、未來的生計，由吳銘漢的哥哥一肩扛下。我見過吳銘漢的哥哥幾次面，當時他在臺北監獄任職，這麼多年來，為了這個案子，他不斷在法庭和家庭來回奔波，生活動盪不安，可想而知。

兩個孩子的起居則由阿嬤照顧。吳氏夫妻的小兒子，在命案發生後沒多久，罹患俗稱「漸凍人」的肌肉萎縮症，開始發病。因為不能動，所以每天都是靠阿嬤背著他上小學，一直背到國中，阿嬤背不動了，才請來外傭幫忙。十幾年前，我從電視上看到這個孩子要考大學了，為了求知求學，外傭要負責幫他翻書，眼睛眨一下，翻一頁。如今，他都已經三十多歲了。

吳家大女兒也因為家變，有一點精神上的障礙，且受到父母橫死的影響，內心陰影無法磨滅，導致個性有自閉傾向。一直到多年前，阿嬤過世了，我腦海中還深深記得，她生前對兒子與媳婦沉冤未雪，那切齒的憤怒。

命運就是這樣捉弄人，六千元，換來一齣家破人亡、不忍卒睹的悲劇。

蘇建和案速審之後，蘇建和等三人判決無罪；他們原本請求每人兩千多萬元的冤獄賠償，但是法官認為他們沒有被刑求及自白犯罪，所以最後裁決賠償金額每人五百多萬元。出獄後，人權律師陪同他們到處宣講人權的勝利與被迫害的過程。無罪的背後，是過去這二十幾年來時空的轉變、法律的演進、採證作為的改變，與證據標準逐漸提高，種種昨是今非的滄海桑田。

我想，整起案子，最終還是交由每個人心中的那把尺，自己去度量吧。

如果蘇建和等三人無辜，二十幾年青春歲月的消逝，任何代價也無法補償；如果他們參與共犯，巨額的國賠與四處的宣揚，又顯得這世道多麼荒謬。

你可以懷疑每一種可能性，只是每一種可能都已無法靠人力來證實了。

我一向都說，人世間有司法懲罰與道德懲罰，人心也有善念與惡念的角力。我相信，罪行不可能從心底真正磨掉，而真相，只有當事人才知道。真正犯罪的人，當司法奈何不了你，其實心裡的枷鎖已判處永遠的無期徒刑。

鑑識特區

關於性侵被害人下體精液的採證

一般沒有月經的狀況下，下體的精液採證，簡單來做，確實是幾根棉棒就可以解決。但當命案中的死者處於生理期，這個狀況就非常不一樣，若是以應付的心態來做，一、兩根棉棒、只採下體的話，可以說幾乎都是月經血，因為精液大多被經血沖刷掉了。

完整一點的做法，第一個，應該要採以陰道深度區分的內中外三段，第二是採陰道口，第三是大腿夾縫。比較嚴謹的做法，還有梳理下體，採集有無嫌犯的毛髮；肛門、胸部、內衣褲、衛生棉都要採。

我國早期的強姦判例係採「插入說」，所謂的插入說，意指以陰道口為零，當作起點，只要男性器官有進入陰道，就是強姦。早年強姦殺人是唯一死刑，就要槍斃了；可是若在陰道口，叫「猥褻殺人」，還有無期徒刑的機會。

這是一個很重要的邏輯，法律的分界，差別就在那「零點」，越界就是死刑。

以方保芳整形外科命案為例（詳見鑑識現場12）。民國八十六年，臺北捷運古亭站附近的方保芳整形外科，共有醫生夫妻兩人與一名護理師被殺，都是一槍斃命。當時醫生娘跟護理師衣著完好，下體都墊著衛生棉，衛生棉上有多量經血，請問下體要不要做精液採證呢？

當時，我想到蘇建和案的教訓，明白要做就把握時間做，以免等到後來想補做也來不及了，就一次做了十幾個採樣棉棒送鑑定。事後證明，果然在被害者下體零的位置、大腿夾縫以及衛生棉上，都找到陳進興的精液，證實他有參與犯下方保芳三人命案。

這個案子起訴時，陳進興還沒到案，針對這個案子，檢察官無法用強姦殺人罪來起訴他，因為沒有證據證實他有插入的事實，所以方保芳個案是以猥褻殺人罪起訴。

後來陳進興到案，坦承有插入，但體外射精，那時他已有兩個死刑。民國八十七年一月，陳進興一共被判五個死刑、兩個無期徒刑。同年十二月，最高法院判三個死刑確定，隔年槍決。

3

紛擾司法界二十年的軍法案

——江國慶被平反，許榮洲獲判無罪，
真凶是誰還有人關心嗎？
民國 85 年

我已年過六十五歲了。以臺灣男性平均壽命約七十七・七歲而言，我只剩差不多十年。這十年的時間，我還可以做些什麼？這是我在退休之前，就一直在思考的，當人生終了那一刻來臨，我要怎麼做才不會遺憾？

從警大畢業，我一頭栽進鑑識這個領域，一晃眼超過三十個年頭，從一片荒蕪、沒有人要去的冷衙門，變成大家爭相擠破頭想要進去的熱門系所和單位，而我也從一名基層菜鳥，一路跟著科技時代變遷與演進的腳步，堅持信念，始終如一，加上因緣際會，最後晉升為主管，成為臺北市政府警察局一級單位鑑識中心的主任，也是全臺第一位鑑識中心主任。我很幸運。

鑑識是一門科學，強調邏輯分析與理性論證，有一分證據，說一分話，這是老師教導我的信念，也是身為鑑識人一生奉為圭臬的，從某一方面來說，也型塑了我這個人，或者說，強化了我本來的性格。

但是，身處於體制之中，我必須謹守職業倫理，以大局為重，有一些事不便表達個人的意見。尤其，近幾年幾件極具爭議性的案子，我雖然知之甚詳，甚至案發後就參與第一現場的勘察，卻因為有政治因素介入，以及媒體推波助瀾帶動輿論壓力，對司法公信力造成莫大傷害，這是我內心很深的痛。

我退休，某種程度是為了能說出心裡真正的話。唯有離開體制，站在權力的對面，才對得起我的專業，也才能回報國家這麼多年的栽培。這聽起來雖然弔詭，卻是我內心沉痛的告白。

其中，江國慶命案，便是我不得不說的案子。

真相到底是什麼？回歸科學面，讓證據說話

一個五歲女童枉死，現役軍人江國慶被判死刑並槍決，因為遭到刑求，家屬認定是冤獄，從此揭開司法界紛紛擾擾的二十年，但是最後，檢方認定的凶手許榮洲，法院卻因為證據不足無罪開釋。

江國慶命案喧騰一時，到現在還餘波盪漾，基於巨額國賠要全民買單，人權團體持續援引此案抨擊司法不公，媒體也不時評論此案。這個案子，隨著時間，一定會逐漸為人淡忘。但是，江國慶被平反，許榮洲獲判無罪，殺死女童的凶手在哪

裡？真相到底是什麼？有人在追問嗎？

而社會大眾到底了解多少真相，恐怕大部分的人都支吾以對，因為輿論焦點都放在江國慶遭到刑求。刑求等於無罪，因為手段不正確，程序不正義；但是，**無罪一定等於無辜嗎？**

這個案子，我想我是最了解案情的人之一。案發這麼多年後，我也從體制裡退休了，終於能從鑑識的專業，完整陳述我所看到的事實與推論。接下來我要說的，可能會讓原本不甚清楚此案的人大感震驚，而原本略知案情的人可能會質疑，甚至引發更多的批評和攻訐。但是，其實我想做的只有一件事：回歸科學面，讓證據說話。因此我想請求讀者，不管你之前知不知道這個案子，對這個案子有什麼看法，請先讀完從我的角度所看到的一切。

這起命案發生在軍方的營區內。當年還有軍事審判法，此案基本上隸屬於軍事管轄，所以是軍法案件。不過那個年頭，軍方的鑑識單位才剛起步，相形之下警方鑑識組的經驗較多，所以當軍方處理到比較大的案子時，通常會尋求我們的支援。

既然說是支援，理論上我們可以不接，但是遇到案情比較複雜、嚴重的時候，軍事檢察官有權指揮我們，請求司法警察協助鑑識與調查。再加上這件案子被害的女童是警察的小孩，軍方認為茲事體大，承擔不下來，便通報營區所在地臺北市政府警察局介入，要求我們鑑識人員赴現場勘察。

這也是為什麼在證據方面，我有資格跳出來，說明來龍去脈。

維修水電過程，驚見雜物堆底下的一雙人腿

民國八十五年九月十二日中午十二點半左右，位於臺北市大安區的空軍作戰司令部，營區裡的理髮部員工為客人洗頭洗到一半，突然發現水量變小，覺得奇怪，於是打電話給負責維修的水電班。可能剛好是午休時間的緣故，水電班並沒有立刻過來巡查，一直到下午兩點半，水電班才來到福利站後方，準備執行檢修。

忽然間，他們發現在窗戶底下，一處用木板、樹枝覆蓋的雜物堆內，竟露出一雙人腳！

剛開始，他們以為是洋娃娃，但又十分遲疑，不敢確定，就趕快跑去理髮部告

訴老闆；多了一些人壯膽之後，眾人合力挪開上面的雜物，赫然發現是一個女童的軀體，把大家都嚇壞了。回過神來，再仔細一看，倒臥在地的，竟然是一名在營區工作的婦人的小女兒。

這對母女是警察的眷屬。先生當時是服務於臺北縣（新北市）政府警察局的員警，婦人為了幫忙家計，一個多月前才開始來這個營區工作，由於孩子年紀小，家裡沒人可以看顧，婦人便將她帶到營區裡面來。營區很大，小朋友可以跑來跑去，安全的在裡面玩，這小女孩嘴巴也很甜，很得阿兵哥叔叔疼愛，算是一個可以兼顧家庭與工作、兩全其美的方式。

然而，誰也沒想到，軍紀似鐵的營區，竟然會發生這樣的慘案。

上午活蹦亂跳的女童，下午已成一具冰冷屍體

十一點半的時候，還有人看到女童在一邊玩耍，可是到了中午，婦人叫喚女兒吃飯，就已經不見她的蹤影了。因為午餐時間，餐廳很忙，婦人也無暇尋找女童。

下午兩點半，女童的軀體被發現，婦人接獲通知後趕到，看到女兒全身赤裸、生死不明，既驚慌又焦急。大家趕緊幫她把小孩送去營區的醫護站，可是醫護站一看，判斷情況危急，馬上轉送到當時的八一七軍醫院，也就是現在的臺大醫院基隆路分院。到院後急救了一、二十分鐘，小女孩便宣告死亡。

從兩點半水電班來查看管線，一直到小女孩送醫，都是由軍方自己處理。傍晚五點多，軍方通報我們參與鑑識，我們趕到現場時，已經快六點了，而法醫驗屍的時候，我記得是六點半。

鑑識團隊抵達現場後馬上勘察，並且有一些初步的推論和疑點。

小女孩陳屍的地點在廁所外面。那棟建築裡面有四個公共區域，包括餐廳和廚房、位於中間的交誼廳、理髮部，以及福利站。

鑑識人員首先推論案發經過。事情的起始點是中午十二點半理髮部洗頭時水量變小，水電班前來查看，進而發現女童，因此，第一個要探究的便是：水量為什麼會變小？

我們勘察後發現，**廁所外面有條水管破掉了**。一般而言，水管如果有裂縫，會噴水，但水還是能夠在水管中流動，使用時不會有任何異狀；能夠明顯察覺水量變小，水管的缺口一定要夠大，大到水會從管子裡漏出去才有可能。

現場共有四條管線，三條細的在外面，一條粗的在最裡面，破掉那條粗的正是水管。不過，這條水管是怎麼破的？是自然風化剛好破損？還是外力破壞？若為後者，是使用工具切割的嗎？經觀察，我發現要弄破這麼大的管子並不容易，而且破口蠻大的，又很平整，用石頭或榔頭敲打都很難辦到，也不會形成三角型的破口。

研究完水管，接著還要畫出女童倒臥的姿勢，研判成因。當時，女童已經送醫，我依據發現人的陳述，在現場畫出人形：頭部朝右，兩手在胸前交叉，腿呈倒V字型張開。倒臥的姿勢和細節是重建現場的重要線索。

相關跡證全得檢驗，包括樹枝、衛生紙

女童被發現的時候，身上覆蓋著樹枝，可以判斷是凶手企圖掩飾。我在案發現場發現有棵樹的樹枝斷掉了，從斷面還可以看到濡溼的樹液，應該才斷裂不久，

如果是斷了一段時日，剖面一定是乾枯的。這枝遮蔽用的斷裂樹枝，我們一併帶回去，送交中央刑事警察局做斷痕鑑定。

不僅如此，女童倒臥處的旁邊有一些小樹，我們也不敢掉以輕心，不排除凶手可能會留下跡證，所以，周遭那四、五棵樹的所有樹枝，全都被我們砍回去查驗。

這些樹都是同一樹種，葉子很大，大概有兩百多片，我們一片一片加以採證，的確發現樹葉上有一些血跡，都是女童的血；我們也採集指紋後，確認有擦過的痕跡，但是沒有採集到可以辨識的指紋紋路。

女童倒臥在廁所外面的窗戶底下，而窗戶內側釘著木條，可能是為了防颱；木條上有一些刮痕，窗戶靠外面的木質窗框下緣也有血跡與毛髮。我們當場採集木條及窗框上的生物跡證，還把木條拆下來，帶回去進一步鑑驗。

勘察完女童倒臥的現場，接下來是廁所內部。

總共有兩間廁所。靠裡面那一間廁所的地面是溼的，另外一間則是乾的。溼的廁所裡有一包抽取式衛生紙，垃圾桶裡有衛生紙。由於當時時間已經很晚，我們便將垃圾桶整個包回去採證。

在廁所門邊，我們發現了一些血跡，此外，左邊牆角也有幾個小血點，混在點狀斑駁的紅色油漆旁邊，稍不注意很可能就會錯過。

凶手犯案後冷靜棄屍並清洗命案現場

綜合以上跡證，我對現場重建做出初步研判：

首先，廁所是命案的第一現場。

女童在廁所內被殺，然後，凶手從釘著兩根木條的窗戶中間空隙，將她拋出去，在木條及外側窗框上形成刮痕，同時，也在上面遺留了女童的毛髮和擦抹狀的血跡。廁所地面是溼的，窗戶的內側邊緣有血水流下的痕跡，表示廁所裡曾經有許多血，都被凶手加工清洗過了，而且我們在廁所門外的洗手臺也發現血水的殘跡。

第二，凶手對營區很熟悉，應該有地緣關係。

我甚至懷疑可能就是在該棟建築執勤的人所為，因為外面的人應該無法輕易分辨四條管線中，哪一條才是水管，尤其，另外三條管子比較細，也許用腳一踹或用石頭一砸就斷了，為什麼要挑最裡面、最粗的那一條水管？他對這裡的一切環境肯定瞭若指掌，而凶手之所以要破壞水管，我猜測應該是要清洗血跡。而且做案時間敢選在中午，正是餐廳人最多的時候，應該有恃無恐。

第三，凶手使用刀子作為工具。

這是從水管切口與樹枝斷面來研判的。關於水管切口，我們也曾考慮其他可能性，例如，有沒有可能是女童被丟出來的時候，正好撞斷了水管？我們認為不太可能。因為，身體是軟的，而且如果管子會被碰壞，應該也是先砸到外面的管子，而不是只弄壞最裡面、最粗的水管；不只如此，水管的位置並不是剛剛好在窗戶底下，而是有一點偏旁邊的位置。

至於斷掉的樹枝，之後出爐的中央刑事警察局鑑定書指出，樹枝的斷面是先用刀砍一半，再用手折斷。樹枝斷掉的時機，我當時問過，確定營區已經有一段時間沒有整修過樹葉，所以，樹枝會斷掉，極有可能是凶手持刀所為。

第四，女童可能是在十一點半到十二點半之間，遭到挾持。

從女童最後被目擊，一直到理髮部水量變小的這段時間內，女童被帶到廁所，接著被殺、拋出窗外，凶手再沖洗廁所，然後走到外頭女童的倒臥處，切割樹枝掩蓋軀體。十二點半，凶手為了清洗遺留在地上的血跡，破壞水管，這個時候，水管的水壓降低，導致理髮部的水流量變小，而後凶手逃離現場。

垃圾桶內的衛生紙，必須層層採證

回顧這個案子十多年來諸多的紛紛擾擾，人權團體在替江國慶翻案的過程中，許多單位被檢討、被攻擊，但在證據面上，上級單位與檢察官對當時鑑識團隊的採證作為，並沒有太多批判，因為我們全面採證、全面撒網，現場該做的，我們全部都做，毫不放過一點點可能性。就連上面看不到任何明顯指紋的木條，我們一樣帶回去採證，才有後來採獲及比對出許榮洲掌紋一事。

然而，還是發生了兩件讓我們始料未及的事情，非常扼腕。

女童被發現時全身赤裸，為了尋找她的衣服，軍方全部動員，集合營區裡所有人，逐一搜查每個人的內務櫃，卻都不見蹤跡。

當天勘察完現場之後，待收隊回到辦公室，已經半夜一、兩點了。我們開始整理證物，赫然發現，女童的衣服原來是被凶手塞進垃圾桶底部。凶手先將垃圾袋拿起來，把衣服丟進去，再將垃圾袋放回垃圾桶。

我們在現場竟然沒發現到垃圾袋比垃圾桶高出一截！如果當時再敏銳一點，馬上就能發現女童的衣服。此外，垃圾袋上面一定會有凶手用手抓取的痕跡，我們後來雖然做了指紋採證，找到一點點痕跡，可是特徵點不夠，不足以用來比對，實在十分遺憾。

等我們處理完女童的衣服，接下來便是處理垃圾桶裡的衛生紙。不過，當時已經很晚了，我請大家先回家休息，明天再來繼續努力。可是，負責的同仁很認真，執意留下來，熬夜完成。

第二天我一到辦公室，他就告訴我，垃圾桶裡的衛生紙發現了一些血跡！我第一個反應是：「垃圾你是怎麼處理的？」他說：「就倒出來。」

「啊，完蛋了！」我脫口而出。

這純粹是職業敏感度的當下反應。對於「一堆」混雜的證物，按照標準程序，我們在檢視時，**必須**在原來的狀態下，一層一層的剝，因為每一層都有它的時序。以這個垃圾桶來說，裡面的**衛生紙順序就是一段一段時間的紀錄，若是用倒的，次序就亂掉了**。

還好，身為鑑識人員，不可能很粗心，不至於大剌剌的倒出來。負責的同仁說他是輕輕的倒，所以順序沒有錯亂。即便衛生紙的層次是對的，但就因為「一個動作」的差異，事後果真如同我所擔憂的，這項證據在法庭上不只遭到質疑，後來因它而引發的種種紛擾與爭議，真是當時的我們所意想不到的！

這是一個關鍵的細節。身為主管，我必須共同承擔這個疏失。但是，我難以責怪這位同仁，他是那麼的認真，大家都下班離開了，他留下來繼續處理到四、五點，我又怎麼忍心苛責？

江國慶遭槍斃，自此纏訟多年

根據鑑識結果，我們雖然初步重建了現場，但是，女童真正的死因為何，還是要等法醫解剖。

第一次解剖的時候，法醫推定女童是因為下體被捅到裂開，導致死亡。至於凶器，一開始軍法醫認為是圓型、尖頭的錐狀物，我則表示這種形狀的器物，市面上很少見，根據他的描述，我們只能朝冰鑿的方向想像。

第二次會同其他法醫再檢驗的時候，三位法醫從女童下體的傷口型態，試圖還原真實的情況。人體雖有彈性，但是被大力扯開之後，會失去原有形貌。法醫拼湊女童下體的傷口，結果出現十字型的傷痕，傷痕是銳角，還有鬚邊，由此研判，凶器應該屬於銳器類器物，因為如果是鈍狀物，並不會出現十字形橫向切割痕，而且應該捅了好幾次，才會在皮膚上產生鬚邊。

警方在進行鑑識和解剖的同時，軍方成立了「〇九一二專案小組」，進行地毯式的偵查，不放過營區裡任何一個士兵。專案小組在案發現場所在那座建築物的交誼廳內，找到一把切麵包的鋸齒刀，送去鑑定後，發現上面有人血反應。而廁所垃圾桶裡沾有血跡的衛生紙，化驗也出爐了，證實是女童的血，此外，衛生紙上同時查驗出義務役士兵江國慶的生物跡證。

軍方依此逮捕了江國慶，並取得認罪自白，宣告破案。起訴後迅速經過一審、二審宣判死刑，然後依軍法槍斃了江國慶。

當時，誰會想得到，這一槍竟然開啟了纏訟將近二十年、至今仍餘波未了的冤殺疑雲！

凶手自白即定罪？仍需證據支持

在這件引起軒然大波的命案中，軍方的偵查過程，我們刑事警察並沒有全程參與，因此「○九一二專案小組」受輿論撻伐最鉅的刑求逼供，我無法也不願多做論斷。我只能就我親身參與的現場鑑識與重建的結果，呈現給有意尋求真相的大眾，一起審視與探討。

江國慶是空軍作戰司令部的勤務隊上兵，被派到營區裡的福利站當售貨員。在軍事檢察官的起訴書中，他供稱，案發當天中午十二點四十分，他到廁所裡自瀆，洩精後仍感意猶未盡，看到餐飲部員工的女兒心生邪念，便拐騙女童：「跟哥哥來，我給妳糖吃。」然後見四下無人，迅速摀住她的口鼻，強行將她抱進廁所裡。

女童因呼吸困難而昏迷，隨後江國慶脫去她的衣褲意圖姦淫，但是因為女童年紀實在太小，而且先前他已經自慰過，因此無法插入，也無法射精，就放棄了。這時，他發現小女孩的陰道經過他施暴之後，有裂傷亦有血跡，便抽取放置一旁的衛生紙，擦了自己的下體一下，也擦了小女孩的下體一下，接著把小女孩留在廁所，逕行離去。

江國慶離開了廁所，隨後一想，這樣不對，身心受創的女童醒過來，很可能會說出她的遭遇，萬一他被指認出來……所以，看到交誼廳裡有一把長達三十公分的麵包刀，當下便拿起來進入廁所，決定殺人滅口。

他用刀刺入女童下體，上下戳動，導致腸道、子宮、卵巢等器官移位；再將女童從窗戶塞出去，用她的衣服擦拭廁所血跡，然後藏在垃圾桶的底部。接著，用水清洗廁所、洗手、洗刀，之後走到外面，繞到建築物後方「踩破」水管，清洗地面的血漬，再就近取得附近空地的木板及樹葉，覆蓋在女童身上以掩飾屍體……。

以上是江國慶的自白，有些部分與我的推論不甚吻合，例如，他陳述滅跡時是踩破水管，清洗血漬；而我從水管破口平整研判，應該有使用工具切割，以及應該有使用刀砍後，再折斷樹枝，以掩蓋女童軀體。

這裡，有一點必須跟讀者解釋，就是**光憑自白，無法當作定罪的證據**。不過，當時他的做案模擬，我人就在現場。

做案模擬達九成吻合，是刑求設計？

現場重建是根據跡證的科學鑑定，拼湊出一樁命案的犯案事實與過程推論；而凶嫌的**做案模擬**，必須經過現場重建的結果，驗證是否吻合，此為判斷嫌犯是否為凶手的重要過程。這是一件高度專業的工作，過程如何進行、哪些是關鍵細節，不同的案子情況不同，觀察必須非常縝密與精細。

簡單來講，如果案子不是這個人幹的，他的表演就不可能完全符合現場蒐證及重建的結果；即便這個人是被刑求取供，刑求他的人又不知道凶手真實的做案情況，表演過程自然是錯誤百出，不僅如此，也會非常粗糙，包括路線、人數、凶器、姿勢、動作、善後、滅跡等種種細節，如果不是當事人，一定會講得七零八落、結結巴巴。

現場重建和做案模擬兩者關係非常密切，凶嫌的表演越吻合，就表示他是凶手的可能性越高，反之亦然。

江國慶進行做案模擬的時候，我們是拿一個軟的、蠻大的洋娃娃給他，要他表演當初是怎麼殺害女童的。

只見他先以左手將女童從後頸部托起，繞過左耳摀住嘴巴，再將女童雙腿撥開，用刀刺她下體。

我當場看了十分震驚，馬上問他：「小女孩的腳有沒有離地？」

他說沒有，小女孩身體軟軟的，腳是有點縮起來，似站非站那樣。

我接著再問：「為什麼不是刺胸部，或是其他地方？」

他說：「那樣會噴得我滿身都是，刺她下體，血就會往下流。」這是由他口中所說出的當時做案邏輯。

我終於恍然大悟！

我參與三位法醫相驗及解剖的時候，發現小女孩的嘴巴有指甲印，牙齦還有皮下出血，這是嘴巴被摀住所造成的，但是，令人不解的是，她的左耳耳輪和耳後出血，又是怎麼造成的？而江國慶的現場表演，解開我的疑惑，兩相比對，終於真相大白：**女童耳後的傷口和凶手行凶時抓她的動作有關**，她的左耳正好被手臂緊緊壓住，這是她痛苦掙扎、摩擦所造成的傷痕。

另外一個值得注意的是血源位置。我是專門研究血跡型態的，對於血源位置自然特別在意。女童身上唯一的傷口是下體，她的身高一百一十公分左右，下體位置高度是六十公分，經過現場廁所內血跡型態拉線，重建出血源的位置高度是四十公分——這是從廁所門邊與牆角所發現的血點，依照科學公式計算、拉線、交集、重建出來的結論，沒有經驗的人無法解讀它的意義。

在做案模擬之前，凶手實際殺人時採取什麼姿勢，我心裡並沒有答案，因為有好多種可能性，都會造成這樣的結果。不僅我不知道人怎麼被殺的，連偵訊他的人也不知道，我手上擁有的唯一資料是，血源距離地面約四十公分高。

江國慶現場表演時，我親眼看到他表演的動作剛剛好符合。女童被殺的時候，雙腿是軟的，似站非站，這解釋了「下體噴血時位於四十公分」這個特別的姿勢，站著（太高）或跪著、躺著（太低）都不對。

而最讓我驚訝的，不僅是**江國慶的表演吻合了這四十公分的血源位置**，他的手繞過後頸的動作，**一併合理解釋了小女孩牙齦與耳後的傷**。

不要說其他人，連我這個唯一同時參與鑑識與驗屍的人，都無法將這兩個分別的事證串在一起想像。我難以相信刑求他的人，有辦法在設計「劇本」供江國慶「背誦」的同時，也將這個行凶動作連結起來計算進去，畢竟這個機率實在太低、太低了。

現場表演時，我還問他：「你有沒有做一些處理？」他說：「有，我抽了一些衛生紙，幫自己的下體擦了一下，也幫小女孩的下體擦了一下。」這段話是很確定的，有錄影為證。

一般來講，我們不能用是非或選擇題讓嫌犯勾選，而是問他：「你後來還做了什麼？」讓他自己陳述，我們再比對嫌犯的陳述是否吻合我們所得的證據，這才是現場重建與自白比對的邏輯。

以江國慶的現場表演來說，我們不是拿著衛生紙叫他「解釋給我聽」，而是要他交代做案經過，再從他的動作、姿勢去判斷，這在鑑識科學來講非常重要。現場重建比對的功用，不管誰是嫌犯，犯案過程必須符合重建出來的結果，這也是為什麼嫌犯需要到現場進行做案模擬的原因。

以江國慶現場的做案模擬來說，若完全吻合是十分，他的表演符合度就有九分。但是，初審時，江國慶翻供，聲稱遭到三十七小時的刑求逼供，國防部因此發回更審，但是二審之後，江國慶依然被判死刑。民國八十六年八月十三日，距命案發生不到一年，軍方執行了江國慶的死亡槍決。

十四年後的半枚掌紋，讓案情大逆轉

為什麼要如此速審速決？

這是軍事審判的慣例，和當年的軍法制度與氛圍有關。軍人的職責是保護國家，若軍人犯案，為了避免社會不安，一般軍事偵查與軍法判決都採速辦速審、速判速決，不像現在的司法，往往拖個五、六年，甚至十來年都有可能。

從民國八十六年江國慶被槍決身亡，到民國九十九年這十多年間，江國慶的父親到處奔波，為兒子平反，控訴軍方刑求取供，一條年輕的生命就此犧牲。江父的努力逐漸引起注意，有立法委員要求國防部重啟調查，監察院也主動調查，做成報告，提出糾正案，要求國防部懲處失職人員；媒體與民間團體也持續關注介入，讓此案枝節錯綜複雜，從未真正落幕，但是因為沒有新的事證，這個案子很難有新的進展。

一直到**十四年後，出現了半枚掌紋**，讓案情整個大逆轉——這半枚掌紋的主人是許榮洲，而且他自白坦承犯案。

許榮洲的「血掌紋」一出現，所有新聞媒體立刻以頭版頭條大幅報導，不僅如此，隔兩天，總統還帶著國防部長，親自到江國慶家向家屬致歉：「對不起，政府錯了。」

國家元首與媒體當時的反應與作為，等於立刻將江國慶之死定調為冤案，即便許榮洲還沒有被起訴，而且軍事法庭也尚未正式還江國慶清白。

這個案子之所以會大翻盤，產生這麼大的轉折，起因來自臺中地檢署一位黃姓女檢察官。

民國九十九年，黃檢察官承辦一件許榮洲涉及的性侵案，當時，他除了招認眼前的案子，還對她說：「我告訴妳喔，我還做了另外一個案子。」接著自白江國慶所犯的案子其實是他幹的。這位檢察官很認真，儘管許榮洲講話顛三倒四，她還是半信半疑的請專業人士重新捺印許榮洲的指掌紋，重新比對江案證據。

沒想到這一比，竟真的比出來了，果真是許榮洲的掌紋！

這個結果丟給社會一個震撼彈，群情譁然，案子因此大轉向。

最後，兩名嫌犯都獲判無罪

大家可能覺得很奇怪，怎麼會在十四年後跑出一個許榮洲？他是什麼人？案發當時都沒有人懷疑他嗎？

其實，許榮洲根本不是突然冒出來的。早在江國慶還未槍決之前，許榮洲就已經嚷嚷說，這個案子是他幹的。當時他與江國慶在同一個營區，後來他退伍，江國慶被收押。許榮洲在女童姦殺案發生後沒多久，就因另外一起性侵案被逮捕，當時他就曾自白，與另一個軍中同袍一起犯下虐殺女童這件案子。

當時的軍事檢察官也據此調查，發現除了許榮洲說的共犯有不在場證明，且查證屬實外，**許榮洲陳述的犯案經過與現場跡證並不吻合**。最後，許榮洲的話被檢察官認為是胡說八道，不予採信；之後，他在服刑期間，可能又到處跟人家講案子是他幹的，再被檢舉，但仍未獲採信。

經過了十幾年，許榮洲出獄後，又犯下一起性侵案，這次他將之前告訴軍事檢察官的一番話，重講一次給女檢察官聽，只是這次版本不同，結果也大不相同。之前的檢察官認為他胡言亂語，排除他涉案。這次，僅憑半枚掌紋，就讓總統在全國人民面前向江家道歉！

更荒謬的還在後頭。民國一〇〇年，許榮洲被起訴，江國慶改判無罪，但是，兩年後，許榮洲也獲判無罪！

江國慶與許榮洲，兩方結果不一

一樁命案，兩個嫌犯，都獲判無罪，這究竟是怎麼回事？讓我們將所有的事證攤開，一邊是江國慶，一邊是許榮洲。

先看自白。

江國慶認罪，許榮洲也認罪。江國慶會認罪，一如大家都知道的，有刑求逼供的問題；而許榮洲的認罪，經過多份精神、智能鑑定報告，判斷他「虛構乙案令其承認，無須使力即可獲其自白」。意思是說，提出任何一件案子，許榮洲都樂於承認是他幹的。

再來，做案方式。

江國慶用刀，許榮洲用手及「不明」鈍器。在江國慶無罪的判決書上，原被列為凶器的鋸齒狀麵包刀，因為上面採集不到江國慶的指紋，且刀子上弱陽性的血跡反應不足以確認為人血，最後法官在證物中排除了這把麵包刀；而在許榮洲無罪的判決書上，法醫相驗的解剖報告指出，凶器得是銳器，才有可能穿刺並深入腹腔二十公分以上，與許榮洲自白用手加上鈍物，兩者並不相符。

最後，**個人的生物跡證**，這同時也是爭議最大的關鍵證物。

江國慶的是血跡衛生紙，許榮洲的是血跡掌紋。在犯罪現場找到的血跡衛生紙，經過化驗，上面確實同時有女童的血液與江國慶的DNA，而同樣在犯罪現場的木條所發現的掌紋，也的確比對出屬於許榮洲。

都是在同一個犯罪現場發現的，檢察官作為直接證據的判斷依據為何？而法官質疑的又是什麼？

我們先看江國慶的血跡衛生紙。

回到案發那一夜，鑑識同仁漏夜在衛生紙上採證時，衛生紙是從垃圾桶裡倒出來的，這個動作在法庭上被質疑：衛生紙是在垃圾桶的哪一段？最上層？中層？還是下層？有沒有可能產生其他接觸汙染？畢竟廁所是公用的，人員進進出出，血跡衛生紙遺留在垃圾桶裡的時間、層次與順序，至關重要。

我們的同仁說，血跡衛生紙是在前段，但他無法說明血跡衛生紙的上面是哪一張，下面又是哪一張。這個問題的背後是要探討江國慶的DNA，可能來自精液、汗液、唾液等，那有沒有可能是經由轉移，汙染到女童的血跡衛生紙；或者，女童的血跡衛生紙，是否可能轉移到沾有江國慶DNA的衛生紙上。

如果在鑑識上能夠確定，血跡衛生紙的前一張與後一張與本案無關，那就鐵證如山，吻合江國慶現場表演「擦自己下體一下，再擦小女孩下體一下」的陳述，這個血跡衛生紙就可以成為直接證據。

但是，就因為取出衛生紙的動作，我們確實**無法排除轉移汙染的可能性**，這也牽涉到稍後會探討到的衛生紙上血跡型態鑑識的問題，面對法院的質疑，我們也只能接受。

接著，我們來看許榮洲的掌紋，這是引發此案產生巨大轉折的關鍵證物。

命案現場在廁所，很小，才一公尺多見方，對外的窗戶上釘有橫隔木條，木條位在廁所內側，站起來就摸得到。我們在現場勘察時，雖然木條表面以肉眼看不到任何紋線，為求慎重，我仍要求同仁把木條拆回採證，後來確實採集到一枚殘缺的掌紋，亦進行比對，比對樣本包括江國慶與許榮洲的掌紋，但當時並未比對出來。

依我所見，以十幾年前的技術來說，比不出來是可能的，無法太苛責。因為**掌**

紋很難比對，那時電腦化才剛開始，絕大部分要靠人工來判定，相較於指紋，掌紋的面積比較大，需要更多經驗和專注力，再加上**木條上的掌紋是殘缺的**，到底是手掌的哪個部位，在判斷上更形複雜。

後來，許榮洲的掌紋比對出來後，最初進行比對的人遭受到很大的質疑，**為何當初比對不出來？**畢竟當時也有許榮洲的指掌紋啊。我的看法是這樣的：除了比對的困難度之外，第一，當時一次送去比對的有一、兩百個人，不像重啟調查時，只單獨捺印許榮洲的指掌紋來比，後者的確認度一定會大幅提高；第二，案發當時，許榮洲捺印的掌紋可能不夠清楚，因此比對不出來；第三，當初血跡衛生紙先驗出江國慶的DNA，所有矚目的焦點都擺在江國慶身上，比對的人可能因此比較專注在江國慶的掌紋。

總而言之，倘若當時掌紋就比對出許榮洲，那麼整個案情可能就會轉變，偵查的重點也會轉向，江國慶也就不會這麼早被槍決了，所有偵調都會更仔細追究，這兩個人到底誰才是真正的凶手。

血跡衛生紙是定罪的物證，還是翻案的關鍵？

民國九十九年特偵組重啟調查時，距離案發已經十幾年，無法再回溯尋求任何新的事證，只能根據舊有的證據加以探究，因此也掀起許多論戰與爭議。其中最受矚目的便是血跡衛生紙，這是使江國慶定罪的關鍵證據。

為什麼衛生紙上，會同時有女童的血和江國慶的生物跡證？重新調查時，承辦人員找專家來推論。因為江國慶已死，不可能提出解釋和說明，各方專家遂提出各種不同的見解。

關於衛生紙，有三種說法。

第一種說法是：許榮洲做案時，女童的血噴濺到旁邊的抽取式衛生紙，之後許榮洲棄屍、逃逸。不知情的江國慶使用廁所時，抽出**沾染了血跡的衛生紙**擦拭下體，所以上面才會同時有女童的血跡和江國慶的DNA。

這個推論有邏輯上的問題。第一，我們抽衛生紙時，眼睛通常也會看著要抽的那張，如果看到衛生紙上面沾有血跡，還會用它嗎？第二個問題是，被列為證物的那一團衛生紙有好幾張，沾有血跡的衛生紙理應是第一張，我們抽了好幾張衛生紙，用完之後，揉成一團丟棄，沾血跡的那一張應該會被包在裡面，不會在表面。第三，衛生紙上噴濺血跡，還能不知情的被抽取，上面的血量應該不會很多，這和我們採證的血跡衛生紙不相符。

第二種說法是：江國慶先使用廁所，拿衛生紙擦了下體之後，丟進垃圾桶。許榮洲之後進廁所犯案，也抽取衛生紙擦拭小女孩的血跡，一樣丟到垃圾桶，而這團衛生紙剛好就壓在江國慶使用過的衛生紙上，因此產生了**血跡轉移**的問題，但是垃圾桶內並未發現另一沾有女童血跡的衛生紙。

這個說法不無可能，但是要視衛生紙的血跡型態來判斷。一般而言，血跡如果轉移，被轉移的衛生紙應該是蓬鬆的狀態，因為經過揉捏，會產生稜線，沾到血跡的話應該是在稜線上的幾個點，不會在表面、甚至連裡面凹下的部位也沾到血跡。

第三種說法不預設凶手是誰。凶手抽了衛生紙，先擦自己的身體、留下DNA，再用手按壓或左右擦拭女童身上血跡，造成血跡型態，然後丟進垃圾桶。後來衛生紙蓬鬆了起來，所以才會在凸起的稜線及凹下的表面都有血跡。

我認為最可信的是第三種，這是**擦拭型的血跡**，既非第一種說法的沾染，也非第二種的轉移。

多年來，各方專家對衛生紙的解讀，令我始終有許多疑惑，一直找不到滿意的答案，而當年採證的衛生紙早已被攤開來，從一團變成一張一張的了，原態只剩下照片。退休後，我自己在家做了實驗，當時我心想，萬一我被傳喚上法庭說明，可以抽自己的血實驗給大家看。

這種實驗不能用水，因為血與水的濃度不同；也不能用豬血，豬血很快就會凝結，國外有些實驗是用馬血。我則是使用牛奶加色素，實驗了轉移與擦拭兩種型態。雖然牛奶已經比較接近人血，但還是太稀了些。

後來，我有一次機會接觸到屍體，就用剛過世屍體上的血又做了實驗，但因為血量並不是很多，所以只實驗了擦拭血跡型態。根據實驗的結果，擦拭型的血跡型態，衛生紙上的血跡經加壓擦拭放鬆後，會在凸起的稜線及凹下的表面；轉移的血跡型態則是在衛生紙稜線的頂端部分，而且會呈暈開狀。所以我認為，擦拭的血跡型態比較吻合當時的鑑識判斷。

如果以這個推論的結果還原案發現場，要說江國慶使用許榮洲殺女童時噴濺到血跡的衛生紙來擦拭自己的下體，或說許榮洲拿江國慶使用過的衛生紙擦女童血跡，兩者都很不合邏輯，最可能的還是江國慶現場表演時所說的，「擦自己下體一下，又擦小女孩下體一下」的動作比較吻合。

留有掌紋的木條，在重啟調查後下落不明

相對的，案子是不是許榮洲幹的，也需要用一樣的邏輯，來檢視上面留有其掌紋的木條。不料，令人憾恨的事情又發生了——那個木條後來不見了！

我們當初將木條拆回去檢驗比對，而我可以百分之百確定，木條上面沒有肉眼可見的掌紋，掌紋是使用寧海德林藥劑才顯現的。寧海德林對血跡、汗液都會有反應，所以，無法認定是否為血跡掌紋。

木條驗完後，我們送還給軍方，簽收單上寫證物一批，承辦人沒寫細項；事隔多年重啟調查，結果木條不見了，軍方也不承認是他們弄丟的。沒有了木條，就無

法進一步化驗，分辨是血跡還是汗液。這是很重要的教訓，人與人授受之間一定要清楚，否則一有爭議，就舉不出相關證明。

這半枚掌紋，一直被研判是許榮洲將屍體推出窗外時留下的，如果確定是血跡掌紋，那就罪證確鑿、拍板定案，大家都沒話說。不過坦白說，依照我的經驗，**血跡指紋肉眼可見，潛伏型的很少是血跡指紋**。我可以確定，採證時，也就是案發當日，木條上並沒有可見的血跡指掌紋。若如此清楚說明採證結果後，還是有人質疑，難道不可能是潛伏的血跡掌紋嗎？我也只能沉默以對。

無奈的是，江國慶模擬犯案的陳述，我在場，但是許榮洲的現場模擬，我沒有看到，因為我沒有接觸的機會。起訴許榮洲的檢察官，並沒有找我重返現場。其實，檢察官最好能有專業人員協助調查。之所以這樣說，並非在質疑檢察官的能力，只是術業有專攻，檢察官的專業訓練和職業敏銳度，並不是在現場重建和證物比對的鑑識專業，如果有專業人員陪同，在現場聽嫌犯供訴，佐以現場採得的證據及重建的結果，比較能達到精確的推論。

事隔十多年後，證物再重新檢驗，結果報告中出現許多「未檢出」、「無法確認」以及「混合型別」等狀況，不足以作為推斷有罪的證據，再加上江國慶的供述提及曾被刑求逼供，以上種種疑慮，導致最後以無罪推定。

無罪就等於無辜嗎？誰才能還給被害者正義？

在此，我想鄭重提供讀者一個重要的觀念：**無罪，不等於無辜。我們只能說，我們採集到的事證不足以定罪。**再者，這麼多年來，科技進步，過去做不到的，今日可以了，辦案的流程也越來越嚴謹，拿現在的標準來審判過去的案子，時空環境大不相同，定罪更是困難。當初判江國慶罪證確鑿的血跡衛生紙，如今僅能表示江國慶「到過現場」。

這起發生在軍事重鎮的女童姦殺案，兩名嫌犯皆判無罪後，還有誰在關心凶手是誰？媒體仍餘音繚繞的，只剩江家獲得一億零三百一十八萬國賠，還有許榮洲獲得一百五十九萬的後續。

關於江國慶案，我尊重司法的判決——江國慶改判無罪，所有到過案發現場、參與這件案子的人員，也都默默接受這個事實。我們必須尊重制度，這是一套遊戲規則，在其中我們扮演好自己的角色，盡自己的本分與專業，辯方也是，最後結果如何，我們都必須接受；身為公務員，不遵守，就是違法了。

這個案子，有許多令人遺憾之處，這是各界要省思檢討的地方，如此，我們的司法體制才可能進步，公信力才有可能恢復。

本案中，最令人同情的當然是江國慶的父母。案發之後，早在許榮洲被起訴之前，父親為了替兒子伸冤，關閉經營多年、賴以營生的旅館，一天到晚去軍法處抗爭，到處找人陳情，都沒有受到重視，年年如此；抗爭到最後，他並沒有等到江國慶被平反的一天，就罹癌含恨而終了。

但是，被姦殺枉死的五歲女童和她的父母親，不也應該值得同情嗎？江國慶改判無罪，許榮洲起訴後也判定無罪，那麼凶手到底是誰？誰還給女童正義？已經沒有人再談這件事了。

許榮洲因為證據不足，法官最後判他無罪，在當時的社會氛圍之下，我必須說，這幾位法官相當有勇氣。但是，之後呢？一起命案，兩個嫌疑犯都判無罪，司法追求的真相在哪裡？社會追求的正義何在？

我要強調的是，我提出這些質問，絕不是要建構出江國慶有罪，只是想傳達一件事：我尊重國家的體制，也尊重判決的結果，但是，這個結果不應該是用社會氛圍去「吵出來」的。

當初媒體與社會氛圍一面倒，大眾的認知是江國慶遭到刑求，是被逼迫的，所以他是冤枉的、是無辜的，在法庭上，最後以「無證據不得推定其犯罪事實」及民國九十二年增訂**「疲勞問訊」為不正方法，所取得之自白須予以排除，判江國慶無罪，還其清白。**

但，純粹就邏輯探討，這個說法有待商榷。首先，刑求等於違法，這絕對毋庸置疑。在司法程序上，違法取得的證據，包括自白，不予採用，等於沒有證據，故判決無罪，但無罪就等於無辜嗎？我們要在最後這個環節打個問號。

當時，社會輿論一面倒，導致輿論辦案、民意審判，好像颱風一樣，所有的聲音都被媒體風向捲著走，只要質疑或有不同意見，統統不被接受；不僅如此，還會遭受撻伐，彷彿只要「江國慶無罪」這個目的達成就好，其餘都不管。受到這個大方向牽引，我們的社會大眾，因此失去從鑑識事證角度來了解這個案子的機會。

對於江國慶案，當年我不想讓鑑定摻雜任何個人的主觀認知，所以我的鑑識報告寫得比較嚴謹保守，沒有像現在這樣，鉅細靡遺的將我的想法一一呈現。江國慶被判決的八年後，有位主任檢察官向我邀稿，為警政署政風室的《日新》法律半年刊寫篇稿子。我當時認為這個案子已經落幕了，便將我在鑑識時的一些個人推論寫出來，這篇文章刊出時，也並沒有引起特別的迴響。

沒想到後來，許榮洲的掌紋導致案情大翻轉，我這篇陳年文章在刊登後八年，亦被人權團體挖出來，抨擊我是「配合軍方演戲」。我僅僅是提出事證並做出自己的推論，卻莫名被罵，炮轟我的火力之大，讓我也曾疑惑，難道自己真的弄錯了嗎？這件事深深困擾著我，我才會在退休後自己做實驗來解惑。

不平則鳴，只為了追求正義

但是，我無法釋懷的是，最後許榮洲也被判無罪了，人權團體卻無聲無息，沒有人向我道歉、還我清白。

總統道歉也是如此。「政府錯了」這四個字，等於未審先判。許多法律學者都認為，總統此話成為江國慶案的「目標值」，司法未審未判，言下就擺明這個案子的結論，等於凌駕於司法之上，不尊重司法的獨立與專業。敢問：江國慶未判無罪，就道歉，那許榮洲被判無罪後，是不是應該也要出來道歉？

真相只有一個，但如今並未大白。

今天，我們大膽試問：如果姦殺案真的是江國慶犯下的，那麼如今凶手獲賠一億零三百多萬，由全民與當初涉案的國防部官員來買單，這個結果符合公平正義嗎？受害女童的家屬又情何以堪？整個社會的喧騰不能只問江國慶冤枉，而忘了要給被害女童一個公道。

有些人常說我是自走炮。我的個性向來如此，活到這個年紀，依舊有什麼、說什麼，不平則鳴。但這樣在體制內其實很難伸展，一不小心就會被視為唱反調，所以我選擇提早退休。因為從我鑑識人的專業角度來看，我們的社會與司法，還是有許多不平或是應該改革的地方，所以我才會想在退休之後，多做一些事情，即使這個選擇，會讓我必須站在與過去同僚對立的立場。

但是，我仍然認為跳出來是有意義的、有必要的，這樣我才會有評論的自由，以及表達專業鑑定的自由。

如果不是我退休了，江國慶這個案子，我是不可能寫書來談的。也有人會疑惑：為什麼放著安逸的退休生活不過，去探討這個極具爭議、但又已經定讞的案件，你要挑戰國家的司法嗎？要與社會輿論對抗嗎？

我知道，這篇文章可能會招致許多類似的疑問或批評，但我坦然以對。我的專業是追求真相，陳述我所知的過程，讓這件事的紛擾回歸證據面，接受公平客觀的討論。希望犯罪偵查、現場鑑識及司法偵審人員看了會有所感，也希望我們的社會，能聽聽多元的聲音、接納不同的意見，亦能從輿論及民意審判，走回務實獨立與冷靜客觀的司法正義道路上。

鑑識特區

現場重建vs.現場表演

• 現場重建（Crime Scene Reconstruction）：

是整合初到現場的員警、救護人員觀察所見，配合現場各項證據紀錄（暫時性、情況性證據）、現場採集之物證、醫院救護紀錄、法醫相驗解剖報告、刑事實驗室鑑析結論、偵查人員查訪情形、目擊證人或被害人證詞、科學方法實驗的結果等資訊，再提出假設，佐以人證、物證或科學驗證，予以排除或證明，最後形成理論。現場重建可推測整起案件事發經過，協助探究事實真相，推斷犯罪心理動機等。

●現場表演（Scene Re-enactment）：

是指被害者、嫌犯、目擊者、證人等基於對犯罪的認知，重演產生犯罪或現場物證的事件經過。通常係指破案後，檢察官或偵查人員將犯罪嫌疑人帶回現場，模擬並解釋案發情節、表演犯罪過程，並重演發生經過——包括如何準備、如何進入現場、在現場的活動、如何殺人、如何逃走及事後的行為等。

現場重建主要是以現場各種物證、科學分析結果及法醫鑑驗報告，為重建的基礎，研判推論犯罪的經過，所以可信度高。而現場表演係以犯罪嫌疑人的供述為基礎，再回到現場模擬案發的經過，所以嫌犯可能說謊或避重就輕，此時就必須以現場重建的結果來印證自白的真實性，證明犯罪、釐清案情或還其清白。

第二部

鑑識，科學與嫌犯的鬥智

DNA科技，破了差點過追訴期的冷案；指紋採證，找出窩藏的遊民歹徒；血跡型態，解決了沒有屍體、無法確認歹徒行凶的命案——鑑識，就是一門科學，以證據來拆穿嫌犯隱藏的真相。

4

見證 DNA 科技進步的冷案

——差點過追訴期的成德國小女童命案，民國 79 年

這是一樁我原本以為不可能破得了的案件。

從案發到破案，總共耗時二十一年，是我鑑識生涯中破案時間最長的一樁。而**其實只要再過三個月，凶手的犯案追訴期就屆滿**，沒想到一位當年承辦人員福至心靈，重啟調查，而讓案子得到正義，終於將凶手繩之以法。

因為偵辦時間橫跨二十餘載，這起案子也見證了國內DNA科技辦案進步的軌跡。案發時，臺灣DNA鑑定技術才剛起步，儘管採得了物證，卻沒有獲得有效的結果，但是事實證明，只要妥善保存物證，即使過了這麼長的時間，加上DNA鑑定技術的大幅躍進，便可馬上成為指證凶手的證據。

令人啼笑皆非的是，這項證物之所以能妥善保存這麼久的時間，卻是因為種種錯誤促成的巧合，包括證物保存制度的缺漏、管理的疏失，以及偵辦單位曾遭逢幾次颱風造成的嚴重水災。

整起案件水落石出之後，所有歷經此案的人回首這二十幾年的種種因緣，不得不感嘆，這案子能破，真是冥冥之中註定。

這就是成德國小女童命案。

女童竟然在安全的校園裡離奇失蹤

民國七十九年五月七日中午，正是小學一天中最喧鬧的午休時間，臺北市南港區成德國小的學童家長，紛紛為孩子送來便當，老師們也陸續回到教室，招呼小朋友安靜用餐。這時，六年五班的導師，發現自己班上有個座位始終空著，原本應該坐在這位子上的陳姓女童不在教室，她覺得很奇怪，便四處尋找，但沒有找到。

下午的上課鐘響了，陳姓女童依然沒有回到教室，於是第五節課之後，班導師請學生幫忙在校園內尋找，還是不見她的蹤影。班導猜想，或許陳姓女童跟著別班同學去參加校外的田徑比賽閉幕式。眼看校園內找不到學生，她也只能等田徑隊同學回來再說。

沒想到等到下午四點，田徑隊的同學們回來了，還是不見陳姓女童的蹤影。田徑隊學生異口同聲的表示，陳姓女同學並沒有跟去。這下子導師驚覺事態嚴重，立刻打電話詢問家長，確認學生是否自行返家。「好好一個孩子在學校，怎麼就不見了？」導師深覺不安，但毫無頭緒，於是請該校師生放學後留下來協尋。

一直找到傍晚六點，天色已經暗下來了，一位張姓老師終於在活動中心的頂樓樓梯轉角處，找到趴在冰冷的水泥地板上、已無氣息的陳姓女童。

陳姓女童被發現時，雙眼與嘴巴被黑色膠帶緊緊貼住，雙手被綑綁在頭後方，雙腳也被膠帶纏繞，身上穿的制服被高高拉起來，蓋住頭和臉，她的褲子已被脫去，下體赤裸。

就在當天中午歡鬧的午餐時間，陳姓女童孤零零的在校園無人的一角，莫名的被姦殺了。

六十六年次的陳姓女童，當年才十三歲，如果她平安長大，如今已經是個年過四十的成熟女性了。經過漫長歲月的淘洗，隨著滄海桑田、人事更迭，這個案子從震驚社會、群起譁然，到追索不到凶嫌，始終無法突破，最後終於逐漸沉寂，深深埋進歷史堆中。

來不及長大的她，就這樣永遠停留在了十三歲，事後這麼多年過去，我也已經退休了……。

DNA鑑定技術剛起步，尚未發揮功效

那時，我是臺北市刑警大隊鑑識組的組長，當天獲報後，我帶隊過去，按照SOP進行相關採證。因為是國小學童遭姦殺的案件，案情重大，所以鑑識人員的採證也特別謹慎。我們在現場找到凶嫌使用過的衛生紙，也採集了陳姓女童的下體，準備進行DNA比對。

那時國內的DNA鑑定才剛剛起步，許多技術都還在探索當中，因此採集回來的物證，送交刑事警察局鑑定後，並沒有獲得直接有效、可以協助破案的結果。後來我們找到國內DNA的研究先驅——當時任教於警察大學的李俊億老師，透過他的協助，將相關物證，包括衛生紙與採集下體的棉棒，全部送至警大檢驗。

民國八十年代初期，臺灣的民風純樸，學校原本是最讓人放心的地方，特別是小學。家長將孩子送進學校，大白天的卻發生駭人聽聞的姦殺案，這在當時是讓人無法置信的事情，不僅社會震驚，也造成師生與家長之間莫大的恐慌。許多值班的老師內心因此蒙上陰影，擔心遭遇不測，夜裡巡邏時倍感恐懼，各校都希望轄區能

加派員警，保護校園治安。

人心惶惶，警方破案的壓力自然也很大。可是，當時**DNA鑑定才剛起步，能供比對的資料庫很有限**，更遑論數位建檔，**比對工作都是由人工進行**。因此，這個案子只要一有嫌疑犯，我們就趕快將他的DNA送交警大鑑定。儘管一件一件陸續送檢，但隨著時間一天一天流逝，依舊無法追查到真正的凶手，可送比對的檢體也越來越少，時間一拖長，沒有新的事證，案子的偵查便慢慢停滯了下來。

塵封的物證，使案件成為「死案」

俗話說：「鐵打衙門流水官。」在找到凶手前，案子的相關證物，都由各承辦人員保管在各自的辦公室抽屜裡，當人員一轉調、辦完交接之後，陳年舊案的相關證物更是乏人聞問。不僅官如流水，相關人等來了，又走了，就算是鐵打的衙門，也會遭逢天災人禍。南港分局在改建之前，就難敵幾次颱風所造成的大淹水，那時候，許多證物都泡在水中，或被汙泥掩埋，可能在清理時一併被丟棄。在案情沒有進一步的發展之下，也不會有人聞問。

在這種狀態之下，陳姓女童的命案，漸漸從停滯不前的冷案，成為被遺忘殆盡的死案。**冷案還有機會復燃，但死案如何復生？**

就這樣，事過境遷二十幾年，這個案子直到我退休前都靜靜躺著，對於破案，我已經完全不抱希望了。

「冥冥之中自有定數。」這話出自一個科學辦案的人口中，實在弔詭。但我之所以一再反覆的說，實是因為過去三十幾年來，有太多的巧合與令人錯愕的經驗，顯示了無論事件如何峰迴路轉，自有天意讓各種意外與機會相加堆疊，最後叫我們不得不信服——一旦時候到了，天理的循環自會讓案子重新啟動。

雷同的做案手法，讓鑑識員重啟舊案

成德國小女童案便是個冥冥之中自有安排的案子。當初我接獲命案，帶隊去採證的同仁中，有一位參與勘察的組員，當時剛從警大畢業第二年，很年輕，對工作很投入。幾年後他從鑑識組外調，經過多年輾轉，後來成為南港分局的偵查隊長。

民國一〇〇年前夕，他著手調查一件性侵案件，沒有任何原因，只能說福至心靈吧，他腦海中突然浮現這椿我們曾經共事的舊案。這起性侵案與成德國小女童案有不少雷同之處，鑑識出身的他，開始懷疑起眼前這名嫌疑犯，認為對方涉案的可能性相當高，便興起了尋找證物的念頭。

這念頭一起，沒想到追查該案證物的過程峰迴路轉，不亞於偵探小說情節。追查證物，按照規定要問當年該案的承辦人員，可是事隔這麼多年，最初的承辦人早已調走，之後還換了不知道多少任，加上南港分局歷經幾次大淹水，證物早已不知去向，最後他只好跑來問鑑識中心的同仁。

當時我正值退休前夕，知道這件案子要重啟調查，頗為振奮。歷年來的檔案，鑑識中心都妥善保存，一知道這個案子有破案機會，隨即追溯相關紀錄；找來找去卻發現，檔案上面註記這個證物送到警大去檢驗，可是怎麼查，都沒有警大歸還的紀錄。這是怎麼回事？**難道證物沒有送回來？還在嗎？有可能在警大一待就二十一年嗎？**我發現這個情況時也很驚訝，於是我們立刻向警察大學追問，了解狀況。

警大承接許多法院鑑定的案子，龐雜的證物堆積如山。我們找了幾個同仁，會同警大的老師，到警大證物室裡慢慢翻找，翻了許久，竟然讓我們找到那包證物！

證物比對不符，半年後竟出現轉機

我們將證物領回，送交刑事局鑑定。現代技術比以前進步很多，一經比對，發現跟懷疑的對象並不吻合，儘管結果令人洩氣，但我們盡力了，也還了嫌犯清白。

依照現在DNA建檔SOP，送進刑事局的DNA經分析後，就直接以電腦建檔在資料庫裡，我們將證物上的DNA與現有的資料庫比對，也查無相符之人。尤其扼腕的是，我們因為追查證物下落，便屈指算起案件發生年代，發現此案的法律追訴期限二十年已過，即使證物比對出來，抓到了嫌犯，可能也無法追訴。

（按：民國九十五年七月一日後適用新刑法、九十五年六月三十日前適用舊刑法。舊刑法中，規定死刑、無期徒刑或十年以上有期徒刑者追訴期為二十年，新刑法則是改為三十年，但發生死亡結果者不在此限，意即取消三十年追訴期。）

不料人算不如天算，事情演變超乎預期。半年後的某一天，刑事局突然來電通知，半年前送去的DNA，竟與最新送進來的資料比對出來了！嫌犯名叫蔡榮樹。

這個結果真是出人意料之外，南港分局偵查隊立即啟動調查。原來，民國一〇〇年四月，高雄發生一起國中生遭性侵案，警方循線逮捕蔡榮樹，經DNA比對後，赫然發現竟然和發生在二十一年前的南港成德國小女童案的證物DNA吻合，真所謂不是不報，時候未到。

這二十幾年間，蔡榮樹的DNA靜靜躺在警大的證物室裡，無人聞問，全因當年參與此案的一位鑑識人員忽然開啟記憶之門，追查證物下落，這項證物才進入DNA建檔。**蔡榮樹潛伏了二十年，偏偏在這時候犯案**，因此被抓，經DNA採證比對涉案，這不是天意，什麼才叫天意？

在臺北犯案，潛伏多年後在高雄被逮

經調查發現，民國七十九年，蔡榮樹住在南港國小附近，在陳姓女童遭姦殺案之後，都沒有他的犯案紀錄。這個案子發生後幾年，臺灣開始建立 DNA 資料庫，根據法律，性侵案件的犯人都要強制建檔，所以這二十一年來，除非他犯案沒被發現，否則一定有他的檔案。躲藏多年的他輾轉搬到高雄，被逮到時已是五十歲的中年人，他以為女童姦殺案已經事過境遷，結果在臺北犯的案，卻在高雄被抓到。

民國一〇〇年六月八日，檢警將蔡榮樹拘提到案，後來他還抖出哥哥蔡榮源是共犯，而哥哥也反咬弟弟誣告。兩人分別到案後，依犯罪時間應適用舊刑法，殺人罪的法律追訴期為二十年，所以即使抓到人破了案，居然是徒勞無功！後來**檢察官解釋，依規定「應扣除該案兩年的偵辦期」，認為仍在追訴期限內**，此時距離可追訴期限，剛好僅剩三個月，離我退休不到兩個月，真所謂天網恢恢，這也是令我相當高興的一件事。

經偵查後了解，當年才二十幾歲的蔡榮樹，案發當天正是他的結婚紀念日。喝了點酒的他逛到成德國小附近，突然起了獸心，利用家長替小孩送飯的時機，混在家長群中進入國小校園。當時他看到就讀小六的陳姓女童獨自走在活動中心的走廊，便佯裝老師身分，誆騙陳姓女童，幫他到頂樓搬東西。到了頂樓後，他用膠帶綑綁女童雙手，並用膠帶纏繞她的眼睛、口鼻，之後加以性侵。逞欲之時，女童因為掙扎發出聲音，他情急之下用手緊摀女童口鼻，結果陳姓女童窒息而亡，嚇得他趕緊逃離現場。

之後，原本擔任電腦程式設計師的蔡榮樹，可能擔心事跡敗露，或者是疑心生暗鬼而搬離臺北，最後在高雄的旗津地區成為流動攤販，經營碰碰車。銷聲匿跡多年，他是否認為此案時效已過，我們不得而知，總之他突然復出，性侵一名智能障礙的女學生，經DNA建檔比對破案。檢方後來起訴兩兄弟，但是查無實據顯示他哥哥也犯案，因此無罪釋放。最後，高院判蔡榮樹無期徒刑，褫奪公權終身。

這樁懸宕二十餘年的命案偵破時，女童的母親已經六十歲，得知女兒沉冤得雪，不禁潸然淚下……。

最戲劇化的命案就在退休前宣告偵破

民國一〇〇年八月一日，我正式退休。事隔二十一年才破案的例子，可以說幾乎不可能，在法律追訴時效到期前破案，更是戲劇化，自我踏入警界三十三年來，僅此一件。

這件案子可說是見證了臺灣 DNA 刑事鑑定的發展史。

事發於民國七十九年，當年的 DNA 鑑定才剛起步，學術研究正要興起，在刑事運用上尚未成熟。民國八十二年，中央的刑事警察局在李昌鈺博士的協助下，於楊日松接掌法醫室主任期間，籌擘 DNA 實驗室，開始受理全國案件的鑑定，奠定了國內科學辦案的基礎。

民國八十六年，因彭婉如命案（按：民國八十五年十一月三十日深夜，彭婉如上計程車後就此失蹤，三天後被發現陳屍在高雄市鳥松區的芭樂園），催生了**《性侵害犯罪防治法》，依法建立 DNA 資料庫**，這是國內跟上世界 DNA 建檔潮流的第一步。民國九十一年，為使重大刑案掌握破案先機，各地方警局開始陸續編列預算，成立 DNA 實驗室。

到了民國一〇〇年八月，時任行政院長吳敦義在治安會報中提到，成德國小女童姦殺案因 DNA 比對有功，而能揪出凶手，他將推動法案修正，擴大 DNA 強制採樣，除了原有的殺人、性侵、擄人勒贖、縱火等重大刑案的犯罪嫌疑人或被告之外，另增加竊盜及毒品案等再犯者都列入建檔。到了該年年底，陳姓女童沉冤二十一年獲得昭雪，終於換來《去氧核醣核酸採樣條例》修正案在立院三讀通過。

當年的管理疏失，意外成了破案關鍵

此案最重要的關鍵是證物完好保存，以及凶手再度犯案。而這兩個因素要跨越二十一年，都相當不容易。

在證物方面，雖然破案之後，行政院還大肆褒揚，但我們捫心自問，證物之所以能「保存」良好，實是因為證物「管理」不當才造成這美麗的錯誤。

照正確流程，當年警大應將證物還給鑑識組，我們再還給分局。可是，先不說承辦人員如果真的收到了歸還的證物，會不會只是隨意放在抽屜？歷任承辦人員的交接，是否確實？光是南港分局歷經幾次淹水這件事，證物可能早就不存在。所以，倘若當年一切嚴格按照程序走，將證物交給分局，這個案子可能根本破不了。

這豈不是很弔詭？

幸好這個證物全然被遺忘的地點是在警大。雖然塵封這麼多年，但警大保存得很不錯，而且都是在低溫乾燥的情況下冰存。這類生物跡證最怕溫度及溼度的破壞，因為熱會分解證物，潮溼會長霉，生物跡證很快就毀了。

所以只能說，這個案子正是因為過去制度的不完善，證物才陰錯陽差的被完整保存；卻也因為今日制度的完善，讓證物進入資料庫管理，才得以破案。

過去以來，尚未破案的證物都由各分局承辦人員保管，不會進入地檢署證物庫。所有大大小小、雜七雜八的證物，全歸專案承辦人負責，只要人事一調動，證物交接難免會有疏漏，很難確實。這樣鬆散的管理，當然是很大的瑕疵。直到民國九十八年，警政署終於頒訂「警察機關刑案證物室證物管理作業規定」，現在**各分局都有專責的證物室了**，**進出需要登記**，**並有監視錄影**，但這樣難免還是有漏洞，無法精確的一一盤點證物流向。

在國外，辦案的人一取得證物都要交出來，證物室就像拘留所一樣，有專人看守、點收。從這個案子我們可以知道，冷案並不是沒有機會起死回生，但沒有證物怎麼會有機會？所以先決條件是證物妥善保存，因此要回歸到證物管理、檔案管理與人的管理。現在的做法雖然還不夠完備，但至少觀念改變了，已經比過去進步，希望未來還可以再更好。

記得蔡榮樹被檢方拘提到案時，他深深嘆了一口氣，說：「終於解脫了。」而當年陳姓女童的班導師，得知破案消息之後也透露：「多年來，心中的大石頭終於可以放下了。」可想而知，一件刑案的發生，對所有捲入其中的人都是煎熬、都是陰霾。一旦作惡，不但他人受苦，自己也難逃內心的刑，千萬不要因為一時衝動，以身試法。

至於對司法人、學生，以及專業人員來說，「機會，永遠是給準備好的人」。執法人員盡其應盡的責任，任何蛛絲馬跡都不能錯過，而且不要太快失望，在專業職分上，只要該做的都做了，「盡人事」之後，總有一天時間到了，「天命」自會彰顯出公理。

鑑識特區

DNA鑑定基本概念

一個成人體內有超過一百萬億個細胞，除了精子與卵子外，每個細胞內的DNA構造均相同。DNA係由無數個鹼基對所構成，雖然隨機二人的基因體DNA只有〇．〇三%的差異，約占一百萬個鹼基對，但已經足夠作為身分辨識之用。除了同卵雙胞胎外，世上不會有兩個人具有完全相同的基因體之DNA序列。

所謂的生物跡證，在一般刑案現場可發現的種類繁多，諸如血液、唾液、精液、組織、毛髮、骨骼，以及接觸體液並遺留於現場的菸蒂、檳榔渣、吸管、牙籤、瓶口、杯緣等，都可以採集檢體，來萃取DNA。

DNA萃取之後，便進行定量，接下來做「DNA聚合酶連鎖反應——

PCR」。該反應利用不同溫度，可使特定的DNA片段成倍數複製，反覆進行歷時約三到四個小時，達到可檢測的量之後，再以毛細管電泳（按：利用毛細管中被分析的帶電分子在電場作用下，因移動速率不同而達到分離不同分子之目的）方式分離不同的DNA片段，並使用螢光偵測，再利用電腦加以分析，可得該檢體數據化之DNA－STR型別，即可輸入資料庫建檔或搜尋比對。

除了刑案現場生物跡證的個化鑑定外，還可做親子關係鑑定，利用DNA遺傳之特性，將此鑑定應用在性侵案件、災難罹難者或無名屍認領，以及民事親子關係確認。

5

靠牽亡魂找遺體的強暴未遂案

——附身乩童的國小女童閔秀惠案，民國 82 年

有時候，辦案過程可能會遇到科學無法解釋的現象。

我是學鑑識科學的，追求有一分證據說一分話，破案時也希望是以科學的方法，來找尋相關的證據，基本上不會講求靈異的感應，或是求神問卦等。

但是辦案並非總是那麼順利，即使家屬迫不及待想將凶手繩之以法，警方仍可能碰到一些瓶頸。要是遲遲找不到證據、實在沒辦法的話，才會轉往非科學的方向，透過一些民間習俗來找到破案線索。

例如「國小女童閔秀惠案」，便借助了民間「牽亡魂」的一些力量。

八歲女童異常失蹤，尋獲時臉已扭曲變形

民國八十二年十二月二十四日，位於臺北市內湖區的碧湖國小到了放學時間，小朋友們紛紛離開教室，而校門口早就有學生家長，在等著接孩子回家。

但，八歲女童閔秀惠的家人左等右等，一直沒看到她的身影。

難道還待在學校嗎？閔秀惠的家人非常焦急的四處尋找，卻徒勞無功，由於大

家都說沒看到閔秀惠，她的家人於是決定報警。

一般來說，若碰上國小學童的失蹤案件，警方會列為異常失蹤，因為學童基本上不會有結怨等情事，當時也沒有網友拐騙的問題。

一個星期之後，警方接獲民眾通報，說行走在警察公墓（按：即警察紀念園區）登山步道時，發現樹上掛了一個書包，地上亦散落一些書本、文具，看樣式應該是位女學童的書包；仔細一看，書包內還寫有閔秀惠的名字。

警方收到消息，立即展開地毯式搜索。雖然警察公墓不是很大，棘手的是附近還有一些山區需要搜查。沒想到，即使動員了大量警力，卻怎麼也找不到閔秀惠的遺體。

在無計可施之下，便有人想到：是不是應該請閔秀惠現身，讓我們找到她，這樣才有可能破案？

這乍聽很不可思議。都失蹤了，要怎麼「現身」呢？但說來奇怪，有時候，沒有科學根據的方法，卻真的在無形之中提供了一些「幫助」。

後來，警方燒了一柱香、準備了些冥紙，然後在發現書包處，由負責辦案搜索的帶隊官代表拿香，朝天喊道：「閔秀惠！我們來找妳了，希望妳趕快現身！」

結果，沒過多久，真的有人大叫：「找到了！」

尋獲閔秀惠的地方，是自來水廠的廢棄空屋，破爛到連屋頂都沒有了。警方來到閔秀惠陳屍的浴缸邊時，浴缸上蓋著一件破棉被和毯子，在這樣刻意遮掩的狀況下，也難怪警方很難找到屍體；要不是有員警隱約聞到臭味，不然也不會搜查得那麼細，把被單一層層揭開。

揭開後，身穿碧湖國小制服的閔秀惠隨即映入眼簾，而她的胸口上，還有一節四方形的木棍。經法醫勘驗，閔秀惠的胸腹都有被毆打過的痕跡，再考慮到會特意把一個小女孩帶到人煙罕至的地方，凶嫌極有可能是打算性侵，所以法醫也採集下體做檢測，但並沒有採到精液，頂多算是性侵未遂或者猥褻。

除了胸腹部的傷痕，閔秀惠全身上下最令人怵目驚心的，是她的臉竟被打到扭曲變形……。

閔秀惠的身高不過一百三十公分，面對這樣身形矮小瘦弱的小二女童，究竟是誰這麼殘忍、狠下殺手？

確定命案現場之後，警方立刻將空屋做了全面採證，採集到一些指紋及DNA，檢驗出來屬於一位遊民，名叫曹阿明，但他平常就在空屋生活，所以難免會有他的指紋和DNA，並不能因此直接判定他是凶手，只能說嫌疑很大。

至於放在閔秀惠屍體上的木棍，經檢驗確認是凶器，可惜棍子表面未經刨光，並不是很平滑，因此難以採到指紋。

除此之外，採證過程還有一段插曲。

當時，我們不但找到曹阿明的指紋，還在浴缸旁邊發現點點血跡。但這些血跡型態很奇怪，很像拖移著不斷往前挪動，直到後來，鑑識小組才在一旁的角落發現一隻壁虎的屍體……原來，這裡還有個「死亡現場」；這些點點血跡，正是壁虎的血腳印。

牽亡魂附身乩童，安慰爸媽別哭、壞人快抓到了

這起國小女童命案，因線索很少，讓承辦的內湖警方相當頭痛，而最急切想將

歹徒繩之以法的，莫過於閔秀惠的父母。

由於亟欲破案、有什麼方法都想嘗試，閔秀惠的父母便透過友人介紹，輾轉去了某家宮廟「牽亡魂」，把閔秀惠的亡魂牽出來，附身在乩童身上，開始陳述發生了什麼事情，甚至還全程錄音下來，作為佐證。

後來，他們將那卷錄音帶送至警察單位，說是女兒牽亡魂後現身所講的一段話。當時，偵辦這起案子的刑警，是我的學生高仁和，他把這卷錄音帶的內容，從臺語全翻譯成國語並寫下來。其他警員一看到譯文所描述的過程，都忍不住心底發毛，認為實在是太生動了，彷彿歷歷在目……。

「閔秀惠」表示，自己平常喜歡吃麥當勞，她遇害那天，凶手騙她說要帶她去麥當勞，她信以為真、跟了過去，後來差點被性侵，最後她因為不斷掙扎，而被凶手用棍子打死。

雖然身為受害者，閔秀惠卻反過來安慰父母：「不要哭了，壞人快被抓到了，爸爸你不要哭，媽媽妳也不要哭……如果以後弟弟笑了，你們就知道，是我逗他笑的喔，我已經在弟弟旁邊了。」

她又說：「好痛！我被打得好痛……身體好痛，我好害怕……我求求你們，不要用火燒我，可以用土埋的嗎？」

高仁和聽到這邊，幾乎寫不下去了。

不過這些內容，並沒有科學依據，無法作為呈堂證供，只能傳為員警之間的軼事，繼燒香找尋遺體之後，又為這起案件，增添了一絲神祕的色彩。

被害人說：「快破案了。」兩天後意外問到關鍵證人

牽亡魂時，對於閔秀惠所說的「快破案了」，所有人都半信半疑。結果就在警方四處搜索及訊問的兩天後，他們問到一個固定會在警察公墓附近遛狗的婦人：

「前兩天，妳有沒有看過一個讀國小的小女孩，背著書包經過這裡？」

婦人想了一下，說：「有。」

警方連忙再問：「那時有幾個人？」

婦人回答：「兩個，小女生旁邊還跟了一個男的。那個男人看起來很奇怪，全

身髒兮兮的，感覺有點像遊民，而且他的眼睛也很奇怪，所以我記得特別清楚。」

案情竟然真如錄音帶所預言，找到了重大線索！

本來，即使在空屋內找到嫌犯的指紋和DNA，也不能一口咬定就是這個人犯案，因為對方可以聲稱自己在案發之前去過現場，才會留下指紋，並沒有犯案的直接證據。如今，幸好問到了這位目擊證人，才能得到更多與凶手有關的線索。

當時，警方針對吸毒人口和遊民，都有資料建檔。專案小組依據婦人的回答，推估凶手可能是遊民，才會全身髒汙，便將她帶到分局，再調出局裡保存的遊民檔案請她指認。

婦人翻開檔案仔細查看，第一頁……沒有，第二頁……也沒有，翻到第三頁時，婦人突然指著照片叫：「就是這個人！」

只見她指著的人，有隻眼睛罹患了白內障，眼珠很小、眼白特多，和婦人的說詞「眼睛很奇怪」不謀而合。

這個時候，總算出現一絲破案的曙光——曹阿明被列為重大嫌疑人。

警方一確定消息，隨即展開搜尋。照理來說，平時街友居無定所、四處流浪，要找到有一定的難度；但**曹阿明犯案之後，竟然跑回了遊民收容所。**

找到曹阿明時，警員對他說：「曹阿明，我們是內湖分局刑事組的。」沒想到曹阿明看了一眼，先是喔了一聲，然後說：「你們是為了小女孩的事來找我的，對不對？」

警員當下一愣，「你怎麼知道？」

「沒錯，就是我幹的，我跟你們回去。」就這樣，曹阿明一五一十的把犯案經過全招了。

坦承犯案後，嫌犯開始細數自己做過的其他案子

民國八十二年十二月二十四日，中午時分，曹阿明看見國小二年級的閔秀惠，心生歹念，於是騙說要帶她去麥當勞買漢堡吃，然後把閔秀惠騙到內湖警察公墓附近。由於警察公墓地點偏僻，平常沒什麼人來，曹阿明很早就找了間廢棄空屋作為巢穴。

曹阿明這次把閔秀惠拐騙到他的老巢，本來是想強暴她，但因為閔秀惠不斷掙扎，他為了制止她，就直接拿木棍毆擊其頭部和胸腹，結果用力過猛致死，他隨後把她打得面目全非，企圖不讓人認出來，還用被子和毯子把屍體層層蓋住。殺人棄屍完畢，曹阿明隨即躲回了遊民收容所。

幸好老天有眼，警方詢問到了目擊兩人的婦人，指出案發當天，看到曹阿明和閔秀惠出現在命案現場附近。得到線索後，警方立刻前往搜捕，逮捕了曹阿明，讓這起案件在短短不到一週的時間，得以順利偵破。

曹阿明最終是死刑定讞，但隔了八年之後，才在民國九十年八月二十七日執行槍決。

從案件偵破到執行死刑，這中間之所以隔了這麼久，是因為這段時間裡，曹阿明不斷提出自己又做了什麼案子，例如建興電器行命案、女星湛蓉命案等，並告訴警方屍體埋在哪裡；後來甚至反咬警方誣告、刑求，要求上訴。

他會這麼做的原因，並不是因為他腦袋不清楚了；相反的，他頭腦十分清楚——**他知道自己已經死刑定讞了，如今能拖一天是一天**，所以才會藉著承認犯下新案子，警方借提偵辦，來拖延執行死刑的時間。待警方花時間去調查，才發現曹阿明說的話並非句句屬實、有些案子的凶手顯然也不是他，最後他再承認的幾起案子因缺乏具體證據，皆以不起訴處理。

曹阿明入監後，擔任其心理輔導員的臺北市議員應曉薇表示，曹阿明因為外貌關係，再加上五短身材，經常被欺負。長期在這樣的環境生活，讓他心裡產生變化，覺得是這個世界、這個社會先排斥他的，那麼自己有報復心理、殺個人又怎麼樣？進而將暴力付諸在一個無辜的小女孩身上。

曹阿明被判決死刑後，在等待執行的日子裡，應曉薇想盡辦法與他溝通，才讓他正視自己犯下的錯。心理輔導的過程中，每當回想起犯案的時候，曹阿明總是一邊發抖，一邊說：「應老師，我好害怕，我知道我錯了。」不再抱持逃避的態度。

可嘆，犯下的案子終究無可逆轉，縱使曹阿明再悔恨，甚至主動提出遭槍決後要捐贈全身器官，期望彌補自己犯下的罪行，閔姓女童逝去的生命也回不來了。

本案經長達八年的審判，最後最高法院認為前審判處死刑並無疑義，駁回上訴，死刑判決確定，曹阿明遂於民國九十年八月二十七日被槍決。

尊敬之心不可無，凡事皆如此

對於非科學能解釋的事件，甚至在民間習俗中比較敏感的鬼月，我總是交代同仁，要以「平常心」面對。畢竟說起來，我們並非凶嫌，反而是來幫助受害者申冤，更沒有道理害怕了。我想，當事人對此一定會有所感應，並給我們一些回報。

生命是一個可貴的歷程，死亡是一個嚴肅的課題。

有時候，鑑識人員到達命案現場，或是在解剖室看著大體，面對這些往生者，我們要有一顆虔誠、恭敬的心，全心全力來為他們破案，這樣正向的態度和觀念極其重要。

這起案件聽來固然匪夷所思，也有科學無法解釋的玄妙地方，但也確實是因為民俗的「牽亡魂」，才能讓此案偵破得更加順利。

說不定，被害者也是想要透過這種方式，讓社會大眾知道這些案件……所以說，還是不要鐵齒、寧可信其有啊！

鑑識特區

刑案現場物證之種類

依據李昌鈺博士提出的分類，有下列各項：

一、**暫時性物證**：例如現場氣味、溫度、火焰或煙霧的顏色、物品冷熱或乾溼狀態等。

二、**型態性物證**：血跡型態、玻璃破裂型態、火災燃燒型態、家具擺設型態、射擊彈道型態、追逐拖拉型態、輪胎或煞車痕跡型態、犯罪手法型態、衣服或物體型態、槍擊殘跡型態、翻倒損壞型態、屍體姿勢型態。

三、**情況性物證**：例如現場燈光、電視、音響、電扇、冷氣、水龍頭、門窗及瓦斯等開關情形；汽車引擎是否發動；鑰匙、排檔及手煞車位置；衣櫥、抽屜及拉鍊是否打開；槍枝是否上膛或保險等。

四、移轉性物證：人與人、人與物及物與物的接觸所相互轉移之物證，例如血跡、體液、組織、毛髮、纖維、泥土、雜草、灰塵、花粉、玻璃、油漬及油漆等。

五、關聯性物證：例如現場發現嫌犯的皮夾、證件或跡證；碎片物理痕跡的吻合；顯現之槍枝、引擎號碼；嫌犯處所找到失竊贓物或被害者物品等。

六、醫療性物證：例如嫌犯或被害人的醫療診斷紀錄、病歷、藥袋、藥品及法醫相驗或解剖報告等。

七、數位性證物：例如手機、平板電腦、手提電腦、桌上型電腦等資訊產品與設備，及其所顯示或儲存的通訊與聯繫內容等。

此外，亦可概略分為：

一、**生物性物證**：血液、精液、唾液、毛髮、組織、植物等。
二、**化學性物證**：玻璃、火藥、纖維、紙張、土壤、金屬、油漆、塑膠、毒品、化學藥劑等。
三、**物理性跡證**：指紋、槍彈、筆跡、書寫壓痕、工具痕跡、號碼重現、足跡、輪紋等。
四、**其他跡證**：標記、聲紋、測謊、錄影、照片、狀態等。

6

第一椿沒有屍體卻定罪的凶殺案

——人間蒸發的美女碩士張靜華命案，民國 90 年

這是一樁找不到屍體的命案。

沒有屍體，如何知道是命案？沒有屍體，警察如何追緝凶手？沒有屍體，法官如何審判？

發生在二十年前的張靜華命案，凶手早已被判無期徒刑定讞，但是張靜華的屍骨至今仍然杳無蹤跡。這是臺灣第一起沒有屍體卻定罪的案例。

張靜華面容姣好，家境優渥，到英國留學取得碩士後，回臺開設英文家教班，自己一個人住在臺北市大安區。她的個性活潑外向，又喜歡跳國標舞，因此吸引不少異性追求。

民國九十年六月十四日，警方接獲報案，張靜華失蹤了。在這之前有好幾天，張靜華的家人、朋友和學生都聯絡不上她，不但打電話沒人接，直接到她家按門鈴也沒人應門。張靜華作息規律，從來沒有搞失蹤的前例，家屬擔心她的安危，於是找鎖匠來，卻解不開鎖、開不了門，後來只好打電話給消防隊，調度雲梯車，從張靜華的住處開窗進去。

外出鞋仍靜靜躺在鞋櫃，女主人卻人間蒸發

張靜華的親友進到她家後，發現室內陳設整齊、和平常一樣，並沒有物品被翻動或打鬥的跡象。張靜華外出穿的鞋子，都還靜靜的躺在鞋櫃裡；除了主臥房的浴室稍有異狀，在浴缸發現了幾個看起來頗為可疑的斑點和痕跡之外，看不出有任何外力入侵的樣子。儘管如此，就是找不到張靜華，一個影子都沒有，她彷彿人間蒸發了。

碰到失蹤案，一般的流程照常理是不會尋求鑑識人員協助的，轄區分局會找我們，是基於以下幾個古怪的疑點。

話說當天張靜華的親友從窗戶進到屋子裡面，雖沒有太大異狀，但主臥房的浴室裡面有幾件東西不見了，包括浴缸上方的浴簾連同掛杆、兩條大浴巾和地墊，此外，部分衛浴用品也不翼而飛。

有東西不見，卻也有不應該存在於浴室裡的東西出現了：一個是寶特瓶裝水，另一個是原本放在臥室的電風扇。

轄區派出所和分局刑事組到了現場，觀察之後，對浴室的情況也都直覺可疑，便通知鑑識人員到場勘驗。

兩坪不到的浴室，浴缸和洗臉盆都是棗紅色的，和血的顏色很相近，但鑑識人員光是用目測，就可以看出上面遺留清洗過的血痕，再經過細部勘察，發現浴缸接縫、洗臉盆下方及門框底下，也都有血跡。這些血跡之後經過親子鑑定，確定是張靜華的DNA無誤。

從現場血跡分布的範圍這麼大，我們研判張靜華凶多吉少，就算有一線生機，恐怕也命在旦夕。但是，她人在哪裡？浴室裡究竟發生什麼事？

兩坪不到的浴室，有近百處的血跡反應

根據統計資料，通報警方的失蹤案當中，約有四成的比例是命案，而依照我的經驗，幾乎所有分屍案都是在浴室進行的，因為這裡除了空間夠大，也方便清洗滅跡。所以，我們也懷疑過張靜華是不是遭到分屍，但浴室裡並沒有發現分屍會產生

的肉屑、骨頭等人體組織，因此無法證實。

由於凶嫌清理過現場，因此我們不能以犯罪者的視角來尋找跡證，因為以他的視角來看，可見的痕跡都會被清掉。許多犯罪推理節目中，偵探會在命案現場躺下來查探；確實，我們鑑識人員也會躺在地上由下往上看，來尋找凶手百密一疏的痕跡。躺下來，才有可能看到凶手看不到的那一面。

血跡會藏在哪裡呢？第一，夾縫處或隱蔽的角落；第二，顏色深、肉眼不易辨識血跡的地方；第三，較低的地方，例如排水孔及不易察覺的臉盆、水箱底部，或馬桶基座。再來是磁磚底下，若磁磚夾縫驗出血跡反應，那麼磁磚底下很可能會有血，如有必要，我們也會把磁磚敲開來查看，並帶回去檢驗。

以這個案子來看，浴室最內部的浴缸邊緣，留有看起來很容易認作發霉的痕跡，其實是血漬。另外，即便牆面已被清洗得很乾淨，只要用化學藥劑噴灑，一道道血跡也無所遁形。

區區不到兩坪的浴室，**有血跡反應的地方近百處，全部都是張靜華的血。**

人體全身的血量約占體重的十三分之一，由此估算，女性全身的血量大約是三千至五千毫升，**如果失血量超過三分之一**，亦即一千至兩千毫升，**就會有生命危險**。但是，以這個案子而言，一來還沒有找到屍體，不能斷定被害者的存歿；二來現場經過清洗，只憑浴室血跡斑斑，鑑識人員在科學立場上，並沒有足夠血量可做推論，也不能遽下判斷。唯一能說的是，現場呈現的血跡位置、數量、及型態，都非常詭異。

至於為何浴室會有不該出現的寶特瓶裝水與電扇？這是引發大家起疑的開端。不過，這兩樣東西經過採證檢驗後，沒有任何發現，無法作為提交法庭的證據。我只能純粹用揣想的：由於現場四處遺留清洗過的血跡，可能是刷洗浴室的「粗活」很辛苦，凶嫌又熱又渴，所以取水來喝、搬電扇來吹風。此外，電扇亦可用來吹乾清洗後的浴室。

而家屬說的浴簾、大浴巾等東西消失不見，則可能是因為沾染血跡，直接被處理掉了。不過，這部分只是引起警方注意的可疑異狀，並非張女遭遇不測的直接證據，重點還是在透過鑑識所發現、散布四處的血跡反應。

屢傳不到的男性友人，竟突然離開臺灣

張靜華是生？是死？整起失蹤案十分離奇，住處浴室發現的跡證令人不安。由於室內一切陳設完好，警方研判應該是熟人所為，因此加快偵調腳步，開始積極從張靜華身邊的熟人著手，追查她的通聯紀錄與交友關係。

警方密集查訪數十位張靜華的友人，逐一清查過濾後，這些人當中，有一名男性屢傳不到，特別引起警方注意。偵查人員最後一次和他聯繫，約定次日到案說明，沒想到，隔天一大早，這名男子竟然就搭機出境，前往中國大陸。隨後警方又從通聯紀錄中發現，**張靜華最後聯繫的對象，與遲遲不願接受調查的男子，正是同一人。**

他，就是李正位。

警方隱隱感覺事有蹊蹺。而幾乎就在同一時間，由於張靜華生死未卜，警方也調閱張靜華的銀行交易紀錄，來確認是否有張女在外活動的跡象，清查之後赫然發現，張靜華的信用卡遭到一名男性盜刷，從數個監視畫面判斷，持卡盜刷的這名男

性為李正位無誤。不僅如此，警方發現還有另外一名女性，好幾次拿張靜華的提款卡到自動提款機取款。

張靜華失蹤，信用卡遭盜刷，銀行帳戶被冒領，整起事件似乎指向謀財害命？就在案情似乎出現一線曙光之時，重要關係人李正位卻離開臺灣，偵辦線索到此斷了線，令人扼腕。不過，冒用提款卡的女性，警方透過監視器的影像追查，發現竟然是李正位的妹妹。

隨著時間一天天流逝，仍然沒有張靜華的下落，情況越來越讓人無法樂觀，最壞的情況是，她已然遇害了。

如果她已慘遭殺害，她的遺體會在哪裡？

循著這個邏輯，我們大膽提出假設，認為張靜華如果遭到殺害，凶手要湮滅證據，勢必要棄屍，一定需要交通工具。警方於是調查李正位名下的車輛，發現他除了一輛舊廂型車之外，並沒有租用車輛的紀錄，而這部廂型車經警方調查，也沒有發現任何異樣的情況，很可惜這條線索並沒有帶來任何收穫。

後車廂也發現血跡！滴漏、浸染、再滲透

李正位雖然出境，但是他的妹妹冒用提款卡，已被警方列為嫌疑人之一，便傳喚她接受調查。警方問訊的重點有兩個，一是她如何取得張靜華的提款卡？二是李正位平常使用什麼交通工具？李正位的妹妹表示，提款卡是李正位交給她，要她去提款的，而李正位平常出入都是借她的車代步。警方進一步詢問這部車現在在哪裡？她說李正位前往中國大陸前已將車子還給她，她就是開這部車來應訊的。我們於是徵得她的同意，採證這輛銀色轎車，終於找到關鍵線索！

車內，我們在兩個地方找到重要的跡證，一是車內的座位，二是後車廂。

駕駛座和後座的竹編坐墊下方，我們發現有血跡，是從竹片縫隙滲漏下來的。但這樣的血跡型態，僅能證實張靜華確定有受傷，還沒辦法推定被殺或甚至遭到分屍，因為張靜華雖然受了傷，還是有可能自主移動，從而留下血跡。

可是在後車廂，我們有了重大發現。這個置物空間裡放了一塊遮陽板，上面有一處血跡，拿開遮陽板，車廂的底墊也有血跡，而且是滲漏進來的；我們將底墊整

個翻起來，再下面是甘蔗板，也找到從底墊轉移滲漏下來的血跡。血滴留下來，先是浸染物體的表面，滲透之後，再往下滴流，再浸染、滲透，**能這樣穿透都有一定厚度的三層物體**，表示**血量至少要有幾十毫升**。

在車內發現的血跡，經過親子鑑定，證實都是屬於張靜華的，尤其後車廂的血量呈滴流狀，而非擦抹或沾染的型態，表示血在那邊一直滴，滴到穿透了底墊，浸溼甘蔗板，已可合理懷疑張靜華即便沒死也可能重傷。儘管如此，沒找到屍體，嫌疑人也沒有到案接受偵訊，從鑑識科學的邏輯角度，我們可以推論，後車廂的血可能是從屍體滲出的，但我們不能貿然定論，只能說，這些跡證更加證實了李正位涉案的可能性。

拼圖接近完成，疑犯答應返臺

但是，李正位遲遲沒有回臺。張靜華失蹤已過半年，從找到的跡證所拼出來的圖只剩一角，非常需要李正位說清楚、講明白。

警方透過李正位的妹妹向他喊話，以要結案為由，請他協助到案說明。由於這半年來，張靜華始終下落不明，也沒有發現屍體，李正位可能認為自己涉案的嫌疑已隨時間沖淡，風頭已過，事情差不多要平息了，因此答應返臺。

他太掉以輕心了。因為，他絲毫不知道警方握有對他不利的證據。

我相信李正位到案說明之前，心裡應該已經盤算好一套說詞，他可能以為做案過程神鬼不知，既沒有屍體，現場也經過清理，沒有留下任何證據，應該可以全身而退。警方針對發現的疑點一一詢問他：

關於盜刷信用卡和指使妹妹冒用提款卡。由於監視器拍到他的正面，他無可辯駁，承認影像是他本人，但信用卡和提款卡是張靜華借他的。偵查人員於是進一步詢問：「那你領完總要還給她吧，你怎麼沒有還？」他提不出解釋。

關於張靜華失蹤當天他的行蹤。警方調閱電信紀錄，透過手機蜂巢位移顯示，他的訊號在當天凌晨三點，從案發現場移動，直上高速公路，再往北走，經過北海岸，並到金山、石門附近，最後從淡水返回臺北。

他是這麼說的：當晚心血來潮，想拜訪位於金山的舊友。然而，警方向這位友人查證，當天李正位並未到訪，而且兩人平常很少往來，交情並沒有好到半夜可以隨時拜訪的程度。對於這一點，李正位隨即改口表示，到了他家樓下，就覺得時間太晚、太打擾了，所以作罷。

關於張靜華浴室門口遺留一枚腳掌印，李正位到案後，確定是屬於他的。這點他也有說法，表示是張靜華量體重時，他蹲在旁邊，幫忙看重量所留下的。

總之，徹頭徹尾，李正位否認犯案。不過，警方仍然寫了長達十頁的移送書，來證明他涉案。「張靜華無屍命案」於是成案，後續一切，等到了法庭後見真章。

找不到被害人遺體的命案，怎麼審？

沒有屍體，法官要如何審判？

張靜華一案，雖然警方認定李正位是凶嫌，但他矢口否認，再加上找不到被害人的遺體，這個案子全部要靠證據的力量來讓凶手認罪，因此法官要求我赴法庭說明並接受交互詰問。

一審的時候，我以鑑識專業的身分，當庭說明此案最重要的跡證，也就是在浴室、車上及後車廂發現的血跡，鉅細靡遺的解釋這些血跡的分布及型態。在法庭上，我特別解釋關鍵的後車廂內血跡，其型態是滴流浸染、滲透狀的血跡，不是沾染上去的。

最後，法官在庭上問我張靜華是否身亡？我回答不知道。法官再問是否有發生殺人的行為？我也回答不知道。本著鑑識的科學態度，這兩個問題我都沒辦法有確切的答案。

但是，當我回答「我無法推定張靜華已經死亡」，說到「死亡」這兩個字時，我刻意轉頭直視李正位，他的眼光接觸到我的視線，立即低下頭去。

接著，法官詢問李正位：「有關鑑定人的說明，你還有意見嗎？」他搖搖頭，一句話也沒說。我想，這時候，法官、嫌犯與我，都心裡有數了。

一審，李正位被判無期徒刑。

二審，法官沒有要求我出庭說明。李正位依舊矢口否認涉案，不但不願交代張靜華的下落，甚至針對車裡發現的血跡，反咬是警察栽贓，在公堂咆哮！

李正位萬萬沒想到，他脫口而出的**「栽贓」兩個字，反而強化了法官的心證**。因為在勘察犯案車輛時，我們不但經過他妹妹口頭同意，還簽署同意書。同時，我還特意要求她留在現場，目擊我們採證的過程，若有可疑的跡證，也向她說明並請她確認，事後現場證物清單更請她清點簽名，而且**勘驗時現場全程錄影，在程序上無懈可擊**。

李正位的「栽贓」一說，反而凸顯他心裡有鬼。法官當場駁倒他，認為他不但堅不吐實，為求脫罪還誣賴扯謊、態度囂張，於是合議庭審理之後，撤銷一審的無期徒刑判決，改判他死刑。這個案子後來遭最高法院發回高院更審，最後無期徒刑定讞。

這是一樁沒有屍體的命案，而凶嫌自始至終都否認犯案。

沒有屍體，等於沒有證明「人已死亡」的直接證據；沒有找到任何凶器，等於也沒有直接證據來證明「人是他殺」。雖然全部的跡證皆為間接證據，但所有的間接證據，卻足以串出一個強大的「證據鏈」，指出李正位就是凶手！

程序正義，成為駁倒凶嫌的關鍵一擊

除了具體跡證外，這個案子的偵破過程，同時也是一個邏輯心證的角力。

一開始，警方並沒有針對李正位，從未鎖定他是嫌疑犯，是他的行為讓自己被懷疑，包括屢傳不到、突然出國，才啟人疑竇；接著又被發現冒領盜刷，加上半夜詭異的行蹤，才遭鎖定。至於車上的血跡，尤其後車廂的滴流狀血跡型態，那是他個人可掌握控制的私領域，如有冤屈，他大可自白解釋為何會有血跡遺留，但最後他還是說不出任何足以澄清脫罪的理由。

所有的鑑識與偵查，目的除了要找到凶手，同時也要證明一個人的清白。無辜之人，只要案子不是你做的，證據自然而然會將你排除。

從邏輯上來說，就是因為凶手不可能誠實以告，才需要警方的努力以及法院的判斷，來觸摸到真相邊緣，得到大家都認同的正義。因此，警察辦案一定要誠實、確實，有一分證據說一分話，這也是為什麼我非常要求鑑識的SOP。

回想起來，當時勘驗犯案的車子時，李正位的妹妹簽完同意書，偵查人員本來要帶她去問訊，將現場留給我們，我當下立即反應：「不，必須請她留下來，陪同我們一起勘察。」

這個舉動，最後在法官面前，竟然成為關鍵的一擊！

按照程序辦理，也就是我們一般所說的「程序正義」，表示過程完整、合法、沒有瑕疵。如果我們中途有可被質疑的瑕疵，例如錄影時電池突然沒電，或是李正位的妹妹曾經離開現場，那麼李正位反咬栽贓的時候，法官就可以判定這個採證過程可信度不足，而不予採用，那麼這個案子就肯定無解了。

第一起無屍判決定罪，法官心證補足拼圖一角

這是國內第一起無屍判決定罪的案例。

我知道一審交互詰問時，法官很想把我拉進來證明，希望從我嘴裡聽到「人是被殺的」、「人已經死亡」這兩句話，可是鑑識是門科學，論據要非常嚴謹，我無法證明人已死，那麼這個案子拼圖缺掉的那一角，就要靠法官自己的心證去補足。

但是，自由心證不是憑空想像、漫無邊際的，而要能解釋說明，且必須合乎社會共同普遍可以接受的邏輯推論，這在法學裡面有清楚的定義與基礎。

面對警方調查的結果，法官經過閱讀相關資料、理解、推論，最後形成判決的心證，一旦證據越完整，心證就越容易形成。警方辦案時，要盡可能蒐集到完整的證據，來鞏固法官判決的心證，這樣無論誰來審判，都不會有太大的誤差。

但是，如果證據不夠怎麼辦？那麼，就要看法官對整個事件串連起來的邏輯，是否足以做出判決。這也是為什麼在張靜華這個案子，當李正位栽贓一說被駁倒後，法官會形成那麼強烈的心證，認定：「我處處給你機會，你卻處處講不通，還敢誣賴，可見分明就是你殺了她。」

到底是什麼原因導致張靜華受害，從此香消玉殞、人間蒸發？她究竟在哪裡？

完美的命案可能嗎？連神鬼也不知？

李正位矢口否認殺人，因為他自認犯案過程神不知鬼不覺。但是，神鬼真的不知嗎？

警方鎖定李正位是嫌疑犯後，曾就他可能棄屍的範圍，在北海岸大力搜尋；那半年內發現的所有無名屍體，全都一一確認，卻也一一排除。

有一天，這個案子的偵查人員跑來問我，如果想在特定地方尋找被埋的屍體，有儀器可以做到嗎？我說，有的。若是屍骨未寒，屍體在發酵的過程中會產生熱，因此可以在高空使用熱感應的儀器來搜尋；如果時日久遠，屍體已成白骨，還有一種用來鑑定地質密度的透地雷達可以使用，因為屍體掩埋後，即便屍身已腐，還是會和該區域的地質密度有差異，所以會在地底下顯現出屍體的形狀。

我說完後，才疑惑他為什麼要這樣問？

原來，前一晚，張靜華託夢給他，說她被埋在一處靠山面海之地，鄰近濱海公路，並有一條小徑通往山上。醒來，他的腦海依然存有那個地方鮮明的影像。人總會日有所思、夜有所夢，或許他辦案太認真了，腦中想的變成夢境。他原本不以為意，沒想到隔幾天，他接到檢察官的電話，檢察官說：「我跟你講，我昨晚遇到張靜華來託夢！」

兩人一對照夢境，驚訝得說不出話，立刻相約，沿著北海岸找尋夢中共同所見的景象，一路走**到了石門一帶，果真發現有一處跟夢境幾乎相同的地方**，一面有山，一面有海，中間有路。從山路走上去，方圓好大一片範圍，如果屍體是埋在這裡，要從何下手？很遺憾的，最後無功而返。

如今，這個案子據說已經成為刑事訓練的教材之一，媒體也將之列為經典個案，經常深度解析與報導。雖然，是因為我們遵循嚴謹的SOP程序，來獲致凶手無法反駁的證據，形成法官量刑強而有力的心證，但是，如同我的老師李昌鈺博士所說的：「鑑識這門科學，除了技術、經驗、努力與敏銳度之外，還有一點，需要靠運氣。」也就是說，如果沒有後車廂滴流狀的血跡，這個案子即便我們做了最縝密的蒐證，法官也未必有足夠的心證將凶嫌定罪。

畢竟，**在證據力不足的情況下，我們對所有人都只能以「無罪推定」**。

但話說回來，沒有任何的犯案不留下蛛絲馬跡。做人千萬不可心存僥倖，就算人間的法治不了，我相信還有道德的審判。逃得過人間的刑，能否逃過內心的刑，只有當事人知道了。

鑑識特區

自由心證的定義

自由心證，德文原文「freie Beweiswürdigung」，是法官做出判決的基礎之一。

所謂「自由」，是指法官不受詐欺、脅迫或賄賂等非法外力干擾，擁有自主判斷的能力；而所謂「心證」，在《中華民國民事訴訟法》第二二二條中，是指「法院為判決時，應斟酌全辯論意旨及調查證據之結果，依自由心證判斷事實之真偽……法院依自由心證判斷事實之真偽，不得違背論理及經驗法則。得心證之理由，應記明於判決」的過程。另外在《中華民國刑事訴訟法》第一五五條中規定：「證據之證明力，由法院本於確信自由判斷。但不得違背經驗法則及論理法則。」所以自由心證，並非恣意妄為，必須依法為之。

「自由心證」這個翻譯是直接借用自日文，將其理解為「自主心證」較不容易誤會其本意。

證據與待證事實之間關係的強弱，是謂證據的證明力。法官根據某證據的證明力強弱，決定是否採用該證據以做成判決。在這之前，法官必須在不受非法外力干擾下，獨自在心中依據論理及經驗法則，理解證據所代表的意義，以評估證據的證明力。這個過程就是「自由心證」。

第三部

「愛」這個學分，有人很平淡，有人很激烈

在臺灣，重傷害及故意殺人等案件數量其實不斷下降，唯獨情殺案件不減反增，由此可知，一直以來情殺案件的數量都不少。滅門？槍殺？若情感欲望能良性發展，便可避免犯下這般無可挽回的大錯。

7

師生戀導致的滅門案

——房客反應不尋常的虎林街于家血案，民國 84 年

近幾年來，大家常會看到新聞又在報導哪裡有情殺案件，而且嫌犯不分年紀、學歷、經驗和社經地位。不過，從警政署的刑事案件資料數據來看，**臺灣的重傷害及故意殺人等案件數量其實不斷下降，唯獨情殺案件不減反增**，由此可知，一直以來，情殺案件的數量都不少。

感情糾紛是個很大的難題，再加上每個人的個性都不一樣，所以在「愛情學分」裡，並沒有制式的標準答案，處理方式也不盡相同，有的人很平淡，也有的人非常激烈。

感情中，若兩方關係為學生和老師，就是所謂的師生戀。在臺灣，師生戀相關案件雖然相較不多，不過偶爾還是會發生，因為老師和學生長期相處，難免會產生情愫，端看如何控制、處理，讓這段戀情朝良性方向發展。

在我的職業生涯中，碰過不只一次師生戀情殺案，但其中有件案子，尤其令我印象深刻，不僅僅是因為凶嫌幾乎被逼上絕路的反應，還因為命案現場中反應詭異的房客……。

這起案件，就是臺北市虎林街的于家滅門案。

在案發現場待了十二小時的房客，是否行凶？

民國八十四年十二月十二日，在臺北市信義區的虎林街，男子吳忠虔滿身是血的從公寓二樓衝下來求救，原因是房東于姓夫婦和他們家收養的十六歲女兒——于珊珊，都被砍死在血泊當中。

由於整個案發現場，只剩吳忠虔倖存，理應是關鍵證人才對，最初偵辦的矛頭卻對準了他、認為他是頭號嫌疑犯，為什麼會這樣？

原來，吳忠虔衝出公寓求救，已經是下午的事，但左右鄰居早在清晨就聽到打鬥的聲響，算起來，**他足足在案發現場待了十二個小時**，相當違反常理。更奇怪的是，他在案發第一時間並沒有報警，直到下午才撥出第一通電話，結果居然是打給上司，表示自己住的地方遭不明人士闖入，不但有人被殺身亡，他也受傷了，因此要請假。

接下來，警方終於接獲報案，但報警的，依然不是吳忠虔，而是接到他請假電話的上司。

員警出動後，鑑識小組隨後也趕到現場。一開始，大家都認為房客吳忠虔的舉動令人匪夷所思，原因有幾個：首先，在報案之前，他已經在案發現場待了十二個小時，而他待在屋內，應該能夠清楚聽到打鬥聲，為什麼鄰居都聽到了，他卻沒有馬上反應？再來，一般人遇到這種事情，一定會先報警，他卻是先打給上司，而且在離開房間時，明明情況緊急，卻還不忘鎖上房門，讓人不禁懷疑，裡頭是不是有祕密。

但吳忠虔的說法是這樣的：

清晨，他確實有聽到一些爭吵的聲音，但他猜想或許是鄰居吵架，不以為意，沒想到早上九點要出門上班時，剛開門，馬上有一把刀子刺了進來！睡眼惺忪的他沒能完全反應過來，意外被刺傷，隨後和持刀的歹徒扭打到床鋪上。最後，他仗著身材魁梧，儘管身上已有多處刀傷，仍舊制伏了歹徒並搶下刀。

這時，吳忠虔身為勝利者，居然選擇和歹徒商量，要對方慢慢出去，只要不傷害自己，他就不管對方要做什麼，會一直待在房間內。

達成共識後，凶手慢慢退出房門，吳忠虔見狀趕緊把門關上，然後乖乖待在房間裡。到了當天下午四點左右，他聽到開門聲，以及女子被殺害的慘叫聲，一時之間不敢出去，等到聲音沒了、確認凶手離開了，才慢慢打開房門，走到客廳一看，赫然發現房間和陽臺滿是血跡，于家三人都倒在血泊之中。在驚嚇之中，他立刻下樓跟上司說要請假，最後由上司報警。

接下來就如大家知道的，警方接獲報案後，迅速到達現場，對於房客吳忠虔的說法持保留態度，認為他的反應很不正常，甚至懷疑，他就是凶手。

非現場相關人士的血液跡證，證明凶手另有其人

在吳忠虔的房間內蒐證、採證，有一定的難度，因為當時現場非常凌亂，裡頭除了酒瓶和衣物之外，還有一堆雜物，而且四處血跡斑斑。最後鑑識小組是透過血跡比對，才發現了關鍵的證據。

首先，我們在吳忠虔的房間裡採到一些**滴落型的血跡**。

這些血跡，根據吳忠虔的說法，是凶手留下的。他說他在與凶手打鬥的過程

中，搶下了凶手的刀，然後因情緒激憤，向對方臉上劃了一刀，造成對方受傷流血，血液滴落到地上。

雖然吳忠虔尚有嫌疑，但鑑識人員比對過後，證實血跡與于姓一家人的DNA皆不吻合；另外，**現場還找到幾處血鞋印**，採證後發現那些鞋印紋痕及大小一致，但與屋內所有人都不相符，更加強了吳忠虔的說法——**凶手另有其人！**

在吳忠虔房間以外，是凶殘的滅門砍殺現場，于父身中約九刀，于母身中二十刀，而于珊珊身上的刀傷竟足足有二十二刀之多！不僅如此，凶手每一刀都刺得很深，尤其是于珊珊，整個脖子幾乎被砍斷。

我看了很不忍，究竟要有多重的深仇大恨，才會讓一個人下如此重手？

接下來，為了掌握于家的往來對象，警方首先搜查了于珊珊房間裡的電腦，發現她和一個叫杜漢成的人一直相互通信。此外，通聯紀錄也顯示，案發前一個小時，杜漢成和于珊珊才通過電話，而且通話時間蠻長的，於是這通電話也成了本案的重大線索。

不同意戀情、要求封口費，引爆嫌犯殺機

經過調查，警方得知杜漢成是一名華僑，在臺灣並沒有親屬，是被害人于珊珊的國中老師，當時他們非常聊得來，即使杜漢成後來被派到高雄任教，兩人仍舊保持聯絡。

或許是因為分隔兩地，彼此間有著時空的距離，導致思念加深，跨越了身分和年紀，一男一女就這樣慢慢產生了情愫。

後來，杜漢成請調回臺北任教，順理成章的和于珊珊暗中交往，于珊珊會利用課餘時間為杜漢成下廚，杜漢成也會在于珊珊放學後接她回家。

不過，于珊珊的養父母知道他們的關係後，禁止兩人往來，並且向杜漢成要求一千兩百萬元的封口費，甚至扣留他的教師證，威脅他若不照辦，就把這件事曝光，還要以誘姦未成年少女為由提告，讓他當不成教師，教學生涯就此畫下句點。

後來，我們才知道，一切的導火線就是在這邊埋下的。

原本，杜漢成想和于父于母協商，希望于珊珊成年之後能和他結婚，沒想到于

父于母卻要求巨款，甚至要杜漢成買房給他們，杜漢成因此認為對方是藉機討錢，以償還于母因沉迷六合彩而積欠的債務。過程中，杜漢成更懷疑于珊珊已經移情別戀，還和父母一起要脅他支付封口費，甚至協助扣留教師證。

就在掌握了杜漢成和于家的互動關係，也蒐集了現場的相關證據後，警方認為杜漢成有很大的嫌疑，於是透過電話通聯紀錄，查出電話是從臺北縣（新北市）林口打來的，隨後先到林口附近的一些大型醫院，確認他近期有沒有做過臉部縫合手術。沒想到這一查，不但發現杜漢成臉部受傷，且案發當天確實有到醫院縫合傷口，更確定了他就是凶手。

之後警方到杜漢成任教的學校找人，但校園和宿舍裡都沒有找到，最後是在他居住於臺北市的朋友家裡逮到杜漢成。一比對他當時穿的鞋子，發現不論是鞋紋、尺寸和相關跡證，都與在吳忠虔房間及屍體所在之主臥房發現的相吻合，而且鞋子上還有血跡；另外，從他身上也搜出了沾有鮮血的凶刀。

杜漢成一看罪證確鑿，否認也沒用，便直接向警方認罪，還非常冷靜的描述起整個犯案經過……。

玉石俱焚，再後悔也換不回情人

行凶那天，杜漢成利用後面廚房窗臺，順利進入于家。

之所以會知道這個「入口」，是因為于珊珊被父母禁止與杜漢成來往後，為了偷偷約會，她會趁著半夜從後面廚房窗臺爬出去，到後巷與杜漢成會合。

杜漢成身上預藏事先購買的水果刀，一進入屋內，就直接走到主臥房，看到熟睡的于父，頓時恨意湧上心頭，對著于父砍刺了九刀。睡在對門的于珊珊聽到爸爸的呼救聲，馬上衝出房間想要制止，沒想到杜漢成認定于珊珊早就變心、甚至聯合養父母來勒索他，因此由愛生恨，完全不顧過去的甜蜜，照樣砍殺了二十二刀，幾乎把她的脖子砍斷。

失去理智的杜漢成想起于母也威脅過他，便決定待在于家，等待外出打麻將的于母歸來，再將她也殺掉，不留于家任何一個活口。結果，到了早上九點，房客吳忠虔準備上班，杜漢成聽到聲響，這才意識到于家還住著其他人，便拿著刀子等在吳忠虔的房門前，趁他開門要上班的時候，馬上衝過去想刺殺他，然後就發生了吳忠虔敘述的那些事情。

雖然刀子被搶，但殺紅眼的杜漢成並不打算離開，而是不慌不忙的到廚房再拿一把刀，等待于母回家。

下午，于母一回到家，還不知道發生了什麼事，就被猛刺了二十刀，手裡的鑰匙已無力拿著，就這麼掉落在門口。

至此，于家三人全部命喪杜漢成刀下。

從廚房拿的這把刀，後來經鑑定，無論大小、刀型，幾乎和杜漢成預藏的凶刀一模一樣，所以也讓法醫在勘驗屍體時，誤判刀器只有一把，實際上應有兩把才對。當時，由於第一把刀是在吳忠虔房間發現的，而且房門還上了鎖，吳忠虔才會被誤認為凶手。

面對感情這種難解的關卡，最好妥善處理、成熟面對。但除去被于父于母勒索，我想，壓垮杜漢成的最後一根稻草，應該是女友于珊珊的背叛吧。在內心負面思考的驅使下，完全無法接受這種結果的杜漢成形同被逼上絕路，遂選擇用玉石俱焚的極端做法，來解決這道難題。

被逮捕之後，由於罪證確鑿，杜漢成也沒多說什麼，立刻認罪。只是萬萬沒想到，稍晚他居然還躺在警局的椅子上呼呼大睡，讓人實在很難聯想這個安穩入眠的人，才犯下滅門血案沒多久。

後來，警方稍微透漏了一點訊息，杜漢成因此輾轉得知于珊珊其實並沒有變心，她的電腦中甚至有篇文章寫到，她願意為了最心愛的杜老師逃家，兩人一起遠走高飛。

犯下大錯的杜漢成知道真相以後，完全崩潰，後來在民國八十七年被最高法院判決死刑定讞，不久便槍決伏法。

鑑識血跡的關鍵：保全現場原樣

在這起案件中，滴落型血液是破案的關鍵。

就是因為我們在吳忠虔的房間裡，採集到了他以外之人的血跡，才得以證實有其他人在房間活動過、還給吳忠虔清白。也幸好這些跡證沒有被破壞，才能進一步查驗。

在現場蒐證時，保全現場相當重要，而且馬虎不得，即使是獲報後先到達現場的制服員警，一旦不經意的在現場到處走動，一樣會破壞現場。至於鑑識人員，因為受過專業訓練，所以會穿鞋套、戴手套，這樣一來，就不會留下自己的鞋紋及指紋，但也有可能帶動現場的血跡，破壞相關跡證。

所以，想要保全現場，最重要的是盡量減少進入的人，然後在移動過程中，若發現重要的跡證，如腳印、血滴等，也要小心閃避。

在勘察時，如果有鞋印，基本上都要進行相關的採證並拍照。要是鞋印很明顯，我們會放上L型尺，短邊靠腳印前端，長邊靠腳印側邊，再從正上方把鞋印和靠著的L型尺完整拍攝下來。

因為L型尺上頭都有標示公分數，所以鑑識人員會以實際的公分大小為準，把照片放大，直到L型尺上的一公分和實際的一公分一樣大為止，也就是照片與現實中的比例，要是一比一才行，接著再做成透明的投影片。

這方面，非常講求精確，製作完畢的投影片還要再測量一次，如果不小心有了

○．一公分的誤差，就得重新製作。

有了投影片，以後如果需要比對嫌犯的鞋子，我們可以用油墨把鞋印拓印下來，直接影印做成透明片，或一樣用L型尺、垂直拍照，確定放大一比一了，再來進行相關比對。

另外，虎林街滅門血案，被害人超過一位，所以在現場應該有非常多不同血液的痕跡，甚至可能連凶手在行凶過程中受傷所留下的血跡，也參雜在裡頭。如果遇到很多血液重疊在一起的狀況，又該如何鑑識？

這就需要比較有經驗的專業鑑識人員來分辨，因為假設現場被殺的人有兩個以上，有時血跡會混在一起，不利判斷。

一般要判斷，會從被害者陳屍的地方開始。若陳屍處發現血灘，還有一些噴濺的血跡，可以知道死者應該是在這個地方被殺的；但如果觀察陳屍處周邊，發現滴落的血跡，而且可以看出該血跡是以屍體為起點往外延伸、離開，就要特別留意。

針對這種血跡，基本上都要採證，不過要注意的是，血跡一旦混合在一起，如只有兩人的DNA，則可扣除已知型別來得知第二人，若有三人以上，那麼用DNA

技術也分辨不出來，所以得找**比較獨立、和被害人血灘明顯分開的跡證**，也就是陳屍處附近的點狀血跡，採幾處就可以了。

至於更外圍的獨立血跡，也很可能是凶手受傷所遺留的血跡，一樣要採證，後續就能透過血跡型態，來判斷傷者離開的方向和速度。

現場鞋印數量，揭露犯案人數

除了滴落型血跡，鞋印也是本案的破案關鍵。

當時，警方在判斷一個人怎麼同時殺三個人，檢察官和所有辦案人員也不排除有共犯存在。而要解決這個問題，可以從鞋印來判斷。

雖然杜漢成在于家四處走動行凶，但奇怪的是，只有房間內有帶血的鞋印，房間以外的地方並沒有。人總不可能穿牆，照理來說，在房間內行凶之後，踩踏過地上血跡再走出來，必定會在客廳也留下鞋印，那為什麼只有房間出現鞋印呢？

後來，透過拖把上暈染的血漬、房間外拖過的痕跡，並排除掉始終待在房間的吳忠虔，鑑識小組合理推斷，杜漢成在等待時，想把客廳中大量帶血的鞋印清理掉，就拿著拖把擦掉那些舊鞋印，結果只留下他自己再踩出來的新鞋印。

說起來，**在拖地時要不留下腳印，是件很難的事。**

一般來說，一直在同個空間邊走邊拖的情況下，地上一定會留下拖地的人的腳印，除非那個人倒著拖地，等地都拖完了，他也離開了那個空間，才有可能在拖完後不留下腳印。但在這起案子中，凶嫌並沒有這個概念，係採用一般拖地的方式，所以在客廳及廚房皆採到了拖地人的鞋印。

經比對客廳到廚房的鞋印，還有于父房間的鞋印，能夠證明整個于家只有一種鞋印，而吳忠虔待在房間療傷、並沒有穿鞋，頂多只會有赤腳印。由此我們可以判定，這個案子只有杜漢成一人犯案，並無共犯。

連藝人也認證過的問題凶宅

此案結束後，原屋主並沒有改建凶宅，而是賣給了投資客，作為套房分租。不過，這個臺北市小有名氣的凶宅，也有些靈異的傳聞，像是有承租的房客發現，冰箱的門在晚上莫名其妙被打開；甚至有房客親眼目睹，特定房間的床會在無法解釋的狀況下飄起來，嚇得趕緊搬離。

另外，也有承租過此處的藝人在節目上透露，她當初因為房租非常便宜就租了下來，但進去之後發現這個屋子的格局很奇怪，兩個房間之間隔了一個天井。此外，她常常覺得很冷，她的室友則在住進來後開始生病，偶爾還會聽到一些奇怪的聲響，兩人於是決定退租。

沒想到搬走前，她們又在床底發現滿滿的符咒，該藝人這才想起來，她在租屋時房東交代過：「要記得，不可以打開門前掛著法器的房間喔……。」

這下子，她確實深刻體會到了——這個屋子，真的有問題。

鑑識特區

鞋印鑑定

「凡走過必留痕跡」，是刑事鑑識人員常說的一句話。

近年來由於媒體太過詳盡的報導犯罪過程、手法及破案關鍵，以及透過電視劇等相關知識傳播，加上犯罪人在監獄中相互學習、切磋及本身作案被捕的經驗，逐漸了解如何避免在現場留下可能被鑑定並追溯來源的物證，甚至離去前還不忘擦拭、破壞現場的跡證。

面對此狀況，鑑識人員深刻體驗到「多元化採證」的重要性，其中，鞋印是出現頻率最高的顯著物證。因為嫌犯在作案過程中腳必須著地，比較不會注意到鞋印存在與否，而做案後，鞋印也較難完全去除。

一般而言，鞋印主要可以分為兩大類，包括正向印痕與負向印痕。正向印痕（positive impression）為鞋子附著物質後在物體表面遺留的鞋印，通常所看到的紋痕即為鞋底紋路（凸紋）與遺留物面接觸所造成；負向印痕（negative impression）則為鞋子與遺留面接觸，將遺留面上之物質如塵土等帶走所造成的印痕，通常看到的紋痕是鞋底未與遺留面接觸的部位，即鞋底中之凹槽或往內凹陷的部位（凹紋）。

若以型態來分類，主要可分為平面印痕與立體印痕兩種。平面（二維）印痕為鞋印痕以平面方式出現，例如在光滑表面如地面、牆面、門板、紙張、皮革等所遺留；立體（三維）印痕則以立體方式呈現，例如在泥土、雪地，或是泥土殘留鞋底轉印其他材質上等，三維紋路能呈現鞋印的深淺狀態，為犯罪現場重建提供更多資訊。

現場鞋印可以提供的資訊有利用犯罪地圖的概念，連結不同案件可能係同一人或同一組人所為，有些鞋紋有特殊的磨損痕跡，可以達到個化的程度，更能證明嫌犯曾到過犯罪現場。此外，還可由鞋印的大小、成型紋的深淺、步幅的間距等，來推估嫌犯可能的體型、身高、胖瘦及走路的體

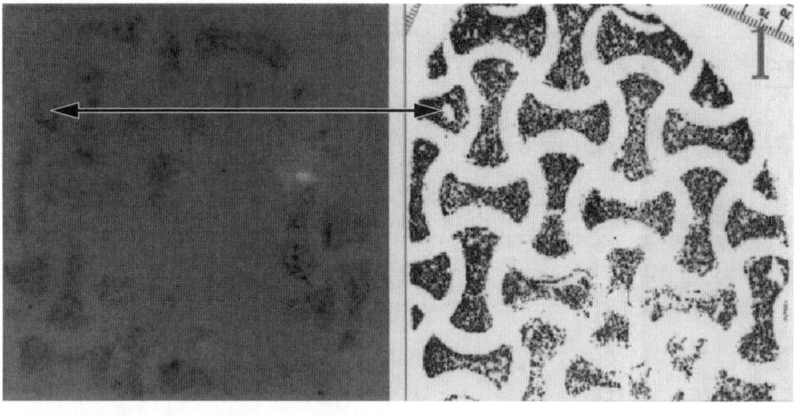

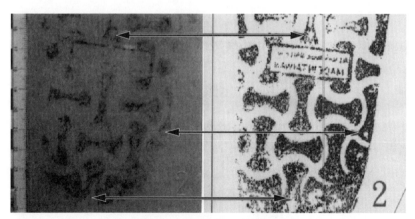

▲ 現場鞋印（左）及嫌犯鞋底（右）紋痕特徵，與相對位置吻合個化比對情形。

態等。

那要怎麼採證現場鞋印呢？明顯二維或三維的鞋印，一定要先編號並放置比例尺，再配合打光，由遠景、中景及近景的距離拍攝，近景更要有標準鏡頭於垂直上方近攝鞋印的照片，以利事後鑑定比對。

不明顯的鞋印可用低角度的光源（或線性光源）來增顯，以利搜尋與拍照。此外，二維的鞋印採證，如物件不大，可原物採取；如無法原物採證，則視遺留鞋印物件的特性，採用靜電足跡採證法、粉末法、鞋印膠紙黏取法等來採證。三維的鞋印採證，亦可視鞋印遺留表面的性質，用明膠製模法、石膏鑄模法等，或是以化學藥劑增顯後再攝

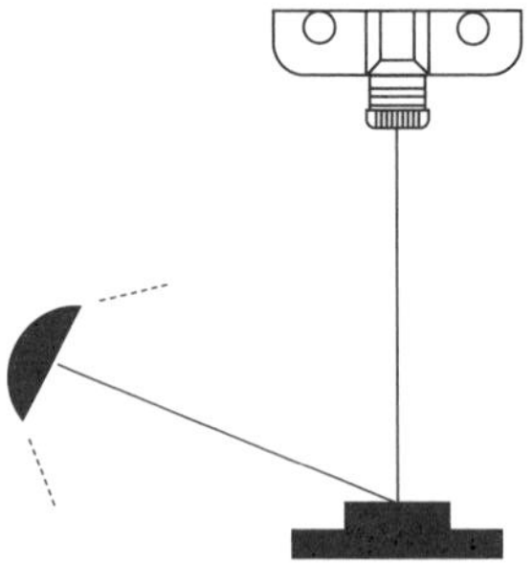

▲ 標準鏡頭相機於現場鞋印垂直上方，配合低角度光源拍攝鞋印照片。

影採證。

血跡型態

如同一般液體，血液流出人體時，會因表面張力作用，使血液凝聚為血滴，由血液之物理性質可知，血滴是球狀體，非橢圓狀。血液自人體流出後，受到各種外力之影響，致使血量及大小有所不同。

一般來說，若血液自人體慢慢流出，當地心引力大於聚集血液表面張力後，即形成血滴滴落。而一滴血之血量約有〇．〇五毫升左右，血液流速、血流處表面性質、狀態，皆可影響血滴之大小，所以從刀尖或棍棒滴流下來的血滴大小，會有一些差異。

此外，血滴由不同高度滴落物體表面的面積也會有變化，如果高度在一．五公尺（約五英尺）以下，其面積大小會隨著高度的增加而逐漸變大，但是超過一．五公尺其大小就固定不變，這是因為除了血滴量固定之外，當血滴自由落下，也會受到空氣浮力的影響，達到一定的最終速度。

還有，嫌犯如果受傷了，依據其離開現場的速度是慢走或奔跑，及血跡滴流的多寡與間距，即可由現場陳屍處往外滴流的血跡型態，來研判其離開的速度、方向及傷勢等，進一步推測是否可能會就醫，並採證一些滴流血跡做DNA的檢驗及比對。

一般刑案現場血跡型態的分類，依其形成的速度與力量可以分為：

一、**慢速血跡：**係指血滴受到每秒約一．五公尺以下低速力

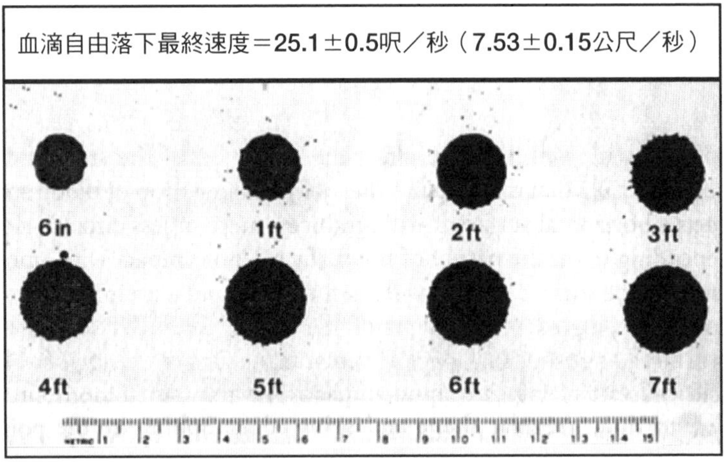

▲ 血跡不同高度滴落紙板大小變化情形（in 為英寸，ft 為英尺）。

量撞擊物面，所造成的血跡型態。其包括受到地心引力而往下流的血跡，或在不高的距離滴下的血滴，又或是手部血跡受到擺動拋出的血跡，如流鼻血、手部受傷滴血、血液自指尖或刀尖滴下等均屬之。

二、中速血跡：係指血滴受到每秒約一．五公尺到七．五公尺速度力量撞擊物面，所造成的血跡型態，通常可見到直徑一至四毫米的個別小血點。一般在刑案現場常見到的此類血跡型態，是以鈍器（例如木棍、鐵鎚、石頭等）打擊或銳器（例如刀、斧等）砍殺被害人的狀況。

三、高速血跡：係指血滴受到每秒約三十公尺以上高速力量撞擊物面，所造成的血跡型態，通常以槍擊、爆炸或快速運轉機械所造成的現場最為常見，其特徵是噴出形同噴霧狀的小血點，落在物體上則造成約〇．一毫米的小血點。

此外，尚有其他動作或血液滴濺或噴流方式不同，所造成的血跡型態，例如：垂直滴落或噴濺在水平物面；滴落或噴濺在傾斜物面；擦抹及轉移；接觸及轉印；彈跳及撞擊物面；大量血流及血灘；移動速度快慢；揮舞或拋甩之動作；爬行、拖拉及追逐；動脈傷口噴射。

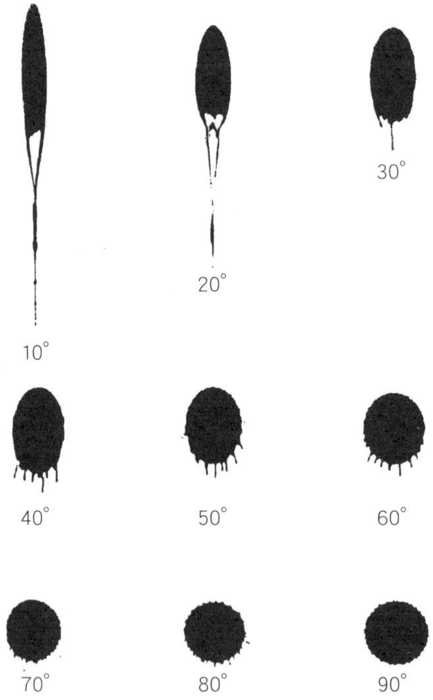

▲ 血跡不同角度滴落紙板型態變化情形。

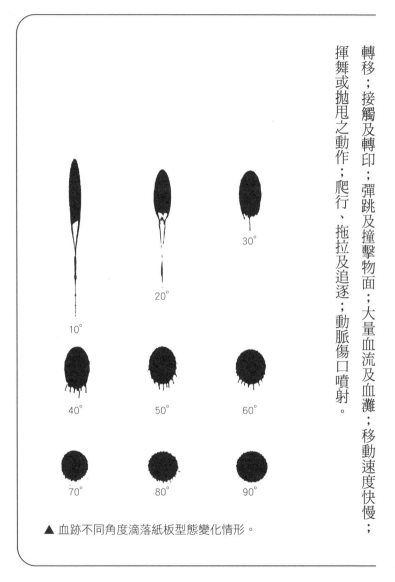

8

第一宗開啟死刑辯論庭的謀殺案

——瑞光路幼兒園女老師情殺案，民國 98 年

面對一起殺人命案，判生抑或判死，法官該如何判決？鑑識的角色在其中舉足輕重，它是追求真相與正義之路的第一步，要走多遠，除了鑑識人員的良知，也有賴所有法律人的自我專業要求。發生在臺北市瑞光路幼兒園門前的一宗命案，就是最好的例子，現場的噴濺血跡，清楚反映嫌犯的內在動機，導致**判決結果從八年改判死刑**。

為什麼會有攞幅如此巨大的差異？是殺人動機推論的逆轉？心證推理的攻防？還是人性之惡的破綻？這個戲劇化的結果，背後牽涉到一個鑑識者的良知、專業訓練的洞察，以及法律制度的問題。

因為時機的巧合，這個案子也因此成為臺灣司法史上，第一宗最高法院開啟三審死刑辯論庭的案例。

這個案子，我原本並不需要涉入這麼深，只因為承辦人自覺經驗不足，在本案後續發展的鑑定及作證過程中，向我表示沒有十足的把握，於是身為部門主管的我，就親自跳下去承擔起來，這也是對後進的一個示範。

這件案子就是吳敏誠殺人案。

不甘心遭女友分手而種下殺機

吳敏誠因不甘心女友黃瓊瑤以他游手好閒、個性粗暴為理由提出分手，民國九十八年十二月一日下午，前往黃瓊瑤任教的幼兒園（位於臺北市內湖區瑞光路）找她談判，意欲挽回兩人感情。

當時是上課時間，吳敏誠按了門鈴之後，黃瓊瑤得知是分手的前男友，擔心對方來意不善，驚擾學生，便走出幼兒園外，在鐵門邊和他對談。

雖然是在大白天，幼兒園也快放學了，但四下並無目擊者。突然，空氣中發出砰砰兩聲槍響，劃破寧靜的午後，不僅一門之隔的眾多師生聽到，附近鄰居也都聽見了，隨後有人出來查看，發現一名女子倒在血泊之中，而凶手已逃逸無蹤。

幼兒園家長獲悉後極為驚恐，紛紛趕來接孩子回家。受傷的黃瓊瑤被緊急送醫，搶救三天後仍宣告不治，其家屬忍痛捐出器官，遺愛人間。

鑑識中心接獲通報後，我們馬上趕到現場勘察，抵達時已是傍晚，黃瓊瑤則已被送到醫院。我們獲悉被害人頭部受到槍擊，在幼兒園門口發現一個血灘，而血灘附近的鐵捲門和中柱上，也留有一些噴濺的血跡，我便以「血源重建」的技術及科學公式，計算出血跡的角度及重建血源的位置。

現場勘察結束後，案情還不太明朗。

我也參與了驗屍及解剖工作。法醫相驗時，我趨近一看，發現竟然只有一個彈孔，子彈從右耳後進入，被上方頭蓋骨卡住，並沒有穿出來，所以只有射入口，沒有射出口，而且子彈射入口周圍的皮膚，我還發現有「火藥刺青」，這是屬於**近距離射擊**的狀況。

這種案子，警方要破不難。

第一，有影像，幼兒園的監視器畫面會錄下案發前後經過的人；第二，被害人會應門走出去，應當是熟人；第三，可以清查被害人的通聯紀錄；第四，可以透過訪查家屬，詢問被害人最近有無和人發生糾紛等。

很快的，警方也鎖定了凶嫌。他是被害人的男友吳敏誠。

吳敏誠**逃亡七天**後，聽從律師的建議，**主動出面投案**，**坦承殺人**。

前科累累的凶嫌，再度化身恐怖情人

吳敏誠在自白書上供稱：「我只想嚇嚇她，希望兩人能和好，不要分手。沒想到自製的鋼筆手槍卻不小心走火，導致失手誤殺。」由此也得以證實，因為他行凶的工具是土製鋼筆手槍，動能比較弱，子彈才會卡在頭蓋骨，所以沒有射出口。

吳敏誠的自述，當時並無人反應有任何疑點，一來警方已抓到人，而檢察官也沒有找我進一步詢問，於是全案移送及起訴，進入司法程序。

重點是，殺人有很多種。是故意殺人？過失殺人？還是義憤殺人？動機不同，刑責也大不相同。鑑識這門學問，無能論斷感情，但科學的跡證，卻可以讓殺人動機現出原形。

民國八十二年，吳敏誠就**曾經殺害女友湯秀香而有前科**，當時他也是出面自首，坦承因為憤怒而失手犯案，並**與家屬和解，被判刑八年定讞**。最後，他僅僅坐了三年不到的牢，便獲得假釋出獄。

短短的牢獄，似乎並未讓吳敏誠得到教訓並真心悔改，他獲得了自由，卻讓另一條生命陪葬。恐怖情人如今再犯，當真又是過失致死嗎？抑或是故技重施、心存僥倖，想再得到一次從輕發落的機會？

從警方掌握的監視器畫面中，證實了槍聲前後，有吳敏誠來去的身影，卻未拍攝到他與被害人爭執以及行凶的過程。他承認殺人，但始終不承認是故意殺人。

幸好，負責本案的法官秉持專業，對本案深入探究；再者，吳敏誠夜路走多了，碰到我。

鑑識結果導出的邏輯，讓凶手難逃死刑判決

在吳敏誠還沒投案、供出自白之前，我就完成鑑識報告，並提交給檢察官了。我在報告中陳述，根據現場的血跡重建血源，**出血點的位置離地約九十公分**，誤差範圍正負五公分，死者應該是在**或蹲**、**或跪**、**或坐**、**或被壓制彎腰的姿勢下**，**被歹徒從背後近距離射殺**。

這是根據科學邏輯所提出的解釋。但是，在檢察官的起訴書中，凶嫌自白他和

被害人站著發生口角、進而拉扯，然後失手開槍。按照他的說法，手槍理應是正面及站立走火才對，這與我在報告中指出，凶手是從低姿勢及背面開槍的推論完全不相符。

到底是根據鑑識專業導出的邏輯推論正確，還是要相信凶嫌的口供？

審判的法官發現這個疑點，要求鑑識中心承辦人員出庭，在法庭上接受交互詰問與對質。這意味著，鑑識人員要在公堂之上說明鑑識推理的科學論據，不僅如此，法官、檢察官、雙方委任律師以及被告等所有人，統統都可以向你提問，等於是在眾人的眼目之下被質詢。

碰到這種情形，有些同仁因為出庭經驗不足或缺乏信心，不免擔心，所以這種要上法庭的重大案件，大部分都是由我直接上場，我因此累積了很多臨場經驗。

出庭是一件很辛苦的事。不少法官，包括許多律師、檢察官也一樣，幾乎不懂鑑識科學的專業，而要讓法官信服我的邏輯依據，往往必須從零講起，因為這對他們來說是新的東西，我得像上課一樣，從血跡型態的基本原理說起，進一步說明我會這樣判斷的科學證據在哪裡。

我結合法醫的鑑識結果，在報告中及作證時這麼推論：「根據血源位置與火藥刺青等跡證顯示，再從受害者身高一百五十六公分來推算，受害者應是以或蹲、或跪、或坐、或受壓制而彎腰等姿勢，被歹徒從右耳後近距離開槍。」

人體受到槍擊時，血會噴濺出來，附著在地面或周邊的物體上，所顯現的狀態，我們稱作「血跡型態」。根據血跡型態，可以進行血源重建，這裡頭牽涉的專業知識包含血跡動力學、三角函數的計算、形成血源的機制及過程等。我需要運用很多圖表，現場甚至要比手劃腳親自模擬，來說明我是如何推算出血源位置離地九十公分高，以及身高一百五十六公分的被害人，要採什麼姿勢才能在離地九十公分的位置從耳後中槍，由此推導出被害人應是以或蹲、或跪、或坐、或被壓制彎腰等姿勢遇害。

這個案子的鑑識推論，我在法庭上，從上午九點到下午一點，足足講了四個小時，中間沒休息、沒吃飯，才終於讓庭上相關人員搞懂了。

之後，法官問被告：「你對鑑識人員的說明有沒有意見？」他回答：「沒有意見。」在這四個小時交互詰問的過程中，大家不斷向我提問，我盡力解說，最後不

只司法人員明白了，連被告也聽懂了。法官的這句問話，透露他認為我的推論有道理，被告的自白與事實明顯不符。

法官心證已然形成。

根據我的現場重建，法官認為吳敏誠應有故意殺人之意圖，一審判他無期徒刑，算是有點仁心；但是到了二審，我雖然沒有出庭，可是法官看了報告，認定這個人殺人再犯，非但沒有悔改之心，還誆騙走火，殺人的凶狠程度，跟吵架拉扯的意義差距很大，**無期徒刑不足以警示，於是改判他死刑**。

為什麼需要增設鑑識課程？加強專業

這個案子在二審之後，到三審定讞之前，經歷了臺灣第一宗死刑辯論。在這之前，我們必須先探討鑑識專業訓練的問題。

透過吳敏誠這個案子，大家可以看到，並不是每一個法律從業人員都具備鑑識知識，光是基本的理解，我在法庭就足足用了四小時讓大家理解。鑑識是一個高度專業的領域，但是，我認為每一個法律人至少都要具備鑑識的基本知識，而這需要靠自我要求。

因為真正的問題是，你是接觸證據、判斷證據的人，卻無法解讀證據，這怎麼可以？

我不得不拋出一個問題：大學的法學院是不是應該開設鑑識概論的課程？目前臺灣還不多，但是國外很多法學院，鑑識已被列入常態課程，臺灣也應該要有這個觀念了，我衷心希望我們的法律教育體制，能將鑑識加入必修。

我曾在臺大法律系「實用法醫學」教授一堂「法醫現場勘驗」，而「實用法醫學」這門課是綜合法醫與鑑識的概念，採教授團的方式，使學生對法庭科學能有基本的認識。等這些法學院學生當上法官、檢察官或律師，至少是有概念的，雖不深入，但總比根本不知如何問、怎麼要求，鑑識人員說什麼就是什麼，來得好多了。

當然，檢察官與法官或律師可能比鑑識人員不懂鑑識科學，但倘若能夠補強這方面的知識，至少可以知道鑑識能做到什麼程度、要做哪些專業的鑑定、能不能做得更多，對案件的偵審及辯護一定會有幫助。

吳敏誠案所涉及的血跡型態學，算是一門比較專業的學問，我們就舉大家都知道的DNA鑑定為例。刑事鑑定採DNA是現在很常見的做法，但是，DNA的原理是什麼？採樣的過程會有哪些因素影響？鑑定上要注意的事項有哪些？這就要找做DNA的專業人員，來法庭說明及接受交互詰問。

法庭上交互詰問在國外很普遍，近幾年這個做法在臺灣才漸漸推動起來，比較有概念的法官，除了會諮詢鑑識人員之外，也會要求他們上法庭接受交互詰問。

法官辦案應該秉持這樣實事求是的態度。如果只認為「反正DNA鑑定是他，那就是他了」，而沒有進一步追究確認，一旦做出判決，攸關一個人的命運走向，可是生死大事。法官應該要設法讓心證鞏固得更扎實才是。

以這個案子來說，如果法官對鑑識一點概念也沒有，略過了鑑識報告，或不夠理解鑑識報告的內容，之後，在法庭中看到被告「很有誠意」，況且也是主動投案，自白表明殺人是「不小心的」，並口口聲聲說「懺悔」，依此就判其意外殺人，那麼法官形成心證的過程，未免過於主觀，影響可說非常深遠，長此以往，司法的公信力將會大受質疑。

鑑識良知提醒我們所掌握的生死

反過來說鑑識人員。

鑑識人員要勇於承擔上法庭的責任，向法官證明你的推論，還要說明到法官能夠接受你的陳述與邏輯，不管法官如何詰問，都要勇敢接受挑戰，一上場就要有鑑定專業的十足信心，不然答詢時結結巴巴，那就完蛋了，連本來想要相信你的法官，心證都產生動搖，認為：「連你都沒有信心，我要怎麼採信？」如此一來，你辛苦採集推論的證據就垮掉了。所以，上法庭將艱澀的鑑識學理說給非專業的人聽，真的需要培養功力。

但是，現在許多鑑識人員喜歡打安全牌、鑑識只做保守的五十分，因為這樣就可以不用上法庭，不必接受質詢的挑戰。例如，在這個案子裡，如果鑑識人員的結論是：「這裡有一灘血跡，旁邊有一些噴濺血跡，所以人是在這裡被殺的」，然後絕口不提被害者的姿勢與血源位置的高度，這樣有沒有錯？沒有。人是在這裡被殺、倒下，至於怎麼殺，他不去承擔責任，反正他也沒有違法，判生判死與他無關，而這樣的推論，法官也接受。其結果就是因為犯罪動機這個關鍵的推論，使法官可能做出一百八十度截然不同的判決。這樣的鑑定對法官一點幫助都沒有。

這就是鑑識良知的問題了。

一個人生命的有無，左右在你手中，**取決於這個工作你要做到一百分，還是打安全牌的五十分？**你對這份工作的認知為何？你在這份工作上想扮演什麼角色？

鑑識是還原犯罪現場的關鍵，做到一百分是鑑識人員的天職，我們的工作不僅攸關性命，也是追求真相與正義的第一步。在三十餘年的鑑識生涯中，我不敢說每一件都做到一百分，但至少我都努力做到八十分、九十分。

在鑑識只做五十分、蒐證不全的情況下，法官也很無奈，因為沒有比對的參照，只能憑被告的說詞來判斷，所以往往在宣判前一天非常痛苦又煎熬，「明天要判你生還是死？是過失殺人的八年徒刑，還是故意殺人的無期徒刑或死刑？」

沒有足夠的證據，法官就會像鐘擺，在有罪與無罪或生與死之間擺盪，而我們加強蒐證的目的，就是要讓法官心中鐘擺的擺幅縮小，判決的心證更有依據。以這個案子而言，若證據沒有指出吳敏誠殺人心態是故意的，過失殺人的刑責遠輕於蓄意殺人，即便再犯，也不會跟過往的判例相差太多，所以才會有死刑與八年徒刑的差別。有心人很容易利用這點，逃過應負的刑責，甚至再次危害社會。

鑑識，可說是科學與嫌犯的鬥智。

我們從許多案例看到，凶手將殺人意圖偽裝成過失或意外，背後目的是為了詐領保險金，或恨意大到要置被害人於死地，從人世間永遠消失。

如果鑑識人員只做五十分，將問題丟給偵查、丟給檢察官、丟給法官，且從偵查的自白開始，嫌犯就已經說是不小心走火，那麼層層到了法官手上，法官也只能依據大家丟給他的素材來建構事實，嫌犯的意圖就得逞了。

鑑識再深入一點，一個人的命運可能就大不同。

法庭上的對質讓真相不言自明

吳敏誠這個案子，重建血跡型態是很關鍵的一步，從細節推演出犯案的方式、姿勢、動作……這些跟犯案動機有關的跡證，對法官才有幫助。我當時要這麼做的時候，曾有同仁認為不需要做這麼多，可我認為這是工作的標準，一點都馬虎不得，鑑識這份工作就是要追求這份意義。

一場判決中，嫌犯在推理——藉由預期法官可能會如何形成判決心證，來推出對他最有利之理；鑑識也在推理，但推的是科學證據之理。

我到後來才得知，吳敏誠逃亡時，就去找了先前為他辯護的律師商量，雖然那位律師不願再幫他辯護，但我猜，他那時應該已經有了想要脫罪的打算。我提交鑑識報告時，根本不知道嫌犯是誰，也未知悉他接受偵訊時的說詞，我只是做我該做的；同樣的，吳敏誠當時也不知道我手上掌握的鑑識結果。鑑識與嫌犯，最終就在法庭上各自表述，在對質中讓真相不言自明。

在吳敏誠這個案子裡，可以探討三個層面，除了前述已經討論到的科學洞察和鑑識良知，另一個就是法庭的制度問題。

尤其，我們要著重在法官的自由心證。

我想，身為一個法官，除了專業的法律訓練與法學素養，還需要開闊的心胸，聆聽各方說詞，判斷哪一方有道理，最忌諱唯我獨尊、濫用自由心證，以自己的認定為真理，不採用他人說詞。

在臺灣的司法發展上，最初我們是一個法官就可以提出判決，後來改採合議庭，有三個法官，但是其中有一位是審判長，一般位階都比較高，其結果就是另外兩位受命及陪席法官，難免在心態上會趨向附和，當然也會有富正義感的法官，會直言、說服審判長。但是，不管怎樣，合議庭至少比過去一人法官的時代進步許多，有討論的空間；再加上目前民間團體也積極監督法官判案的水準與品質，司法院也已推動實施「法官評鑑制度」，使法官知所警惕，而不要淪為大家所批判的「恐龍法官」。

可是，即便如此，同樣一件案子，為什麼判決結果又會產生天壤之別，這個合議庭判有罪甚至死刑，另一個合議庭卻判他無罪呢？據理來講，兩者所面對的不正是同一個事實嗎？這麼大的差距是怎麼造成的？在「江國慶案」的篇章裡（詳見鑑識現場3），我們另有更深入的探討。

我認為，我們的司法，要從「觀審制」慢慢走向「陪審制」。所謂觀審，就是將法庭訴訟的過程，開放給大家看，你可以把自己模擬成法官，但你沒有法官的權責，只是可以合法的觀審、旁聽及表達意見，並沒有決定權。另一方面，法官因為有公眾在聽，所以推定事實就不能太離譜，心證也要合乎邏輯。

國外英美法系國家是採陪審制，我們從很多影片可以看到，法庭有一般民眾組成的陪審團，依邏輯事實決定犯嫌是否有罪，再由法官來量刑，因為這牽涉到刑度的專業問題。亦即陪審團不是學法律的，他們從一個空白的認知來聽取陳述，集眾人來判斷有沒有罪，如果有罪，再由法官衡量刑責的差別。刑責影響最大沒有錯，但陪審制裡，法官不能決定你有罪或無罪。

我認為，我們的法庭制度，仍有極大的改進空間，以提升民眾對司法的信心。

（按：臺灣於民國一〇九年七月二十二日，立法院三讀通過《國民法官法》；本法為《刑事訴訟法》與《法院組織法》之特別法，規定除少年刑事案件與毒品危害防制條例案件，最輕本刑為十年以上有期徒刑與故意犯罪並致死之罪，應行國民參與審判（參審制），與陪審制略有不同。除有關人員選任之部分條文自八月十四日起施行，適用案件範圍中的「最輕本刑為十年以上有期徒刑之罪」規定，從民國一一五年一月一日施行，其餘條文自民國一一二年一月一日開始施行。）

凶手有無懺悔之心、是否情可憫恕，是此案辯論關鍵

最後要來談「死刑辯論」。

為什麼會有死刑辯論？以前判處死刑，在三審都是由最高法院採「文書審」，也就是幾個人關起門來看公文、讀報告，決定被告的生與死。然而，文書審往往讓人質疑，有閉門造車之嫌，甚至是黑箱。

由於三審是司法審判的最後一關，死刑認定茲事體大，要不要公開？關於這點爭論已久。許多法界學者主張公開，認定有沒有瑕疵、推論合不合理，讓一切接受社會的公評。

吳敏誠案，經過一審、二審，到了第三審時，剛好遇上臺灣第一次召開的死刑辯論庭。不過，這次開庭的辯論主軸，不再是意外殺人還是故意殺人，這表示我的論據已經被接受了，那麼，**辯論判生判死的關鍵論點是什麼呢？**

就是：這個人有沒有懺悔之心，是否「情可憫恕」。

由於這是國內首次的死刑辯論，當初以為又要我就科學證據這部分參與辯論，

結果雖然沒有，直接推定是故意殺人，不過我覺得辯論是對的，死刑本當格外慎重。這樣的辯論因應案件的不同，可能是針對事實推論的辯論、也可能是心態辯論，像嫌犯懺悔與否等，總之就是多元化的，各方都要準備俱足，在需要的層面上，大家來辯論。

法官在死刑結論下筆之前，各方面都要獲得有力的支持。死刑辯論的開端，也是站在這個道理上。

死刑辯論是這十幾年的事。吳敏誠案，最後雖然於民國一〇二年初，以類似「流會」一般的方式，全案撤銷、發回更審，但全民都在看。此後，最高法院也被迫對於死刑案，展現擔當、自為判決。這樣務實的改變，較諸以往，確實已有它正面積極的意義。

鑑識特區

火藥刺青（tattooing）

子彈出去以後會形成火帽，距離遠就不會有刺青，只看到一個洞；如在火帽的距離內，彈藥的碎片顆粒會卡在皮膚上，等於像鑲進去一樣，看起來宛如刺青。因為速度快又高熱才會黏上去，所以我們從那個刺青範圍的大小，可以判定射擊的距離。火帽像顆球體，距離越近，範圍越小；距離越遠，範圍越大；但遠到超過一定距離，就不會產生火藥刺青。

另外一種是貼射。貼射又不一樣，首先，皮膚周圍會被火灼傷，再者，它會把氣體都灌進體內、讓皮膚爆開，成星芒狀，很多自殺的射入口傷痕會呈現這種型態，但這起案子不是這種狀況。

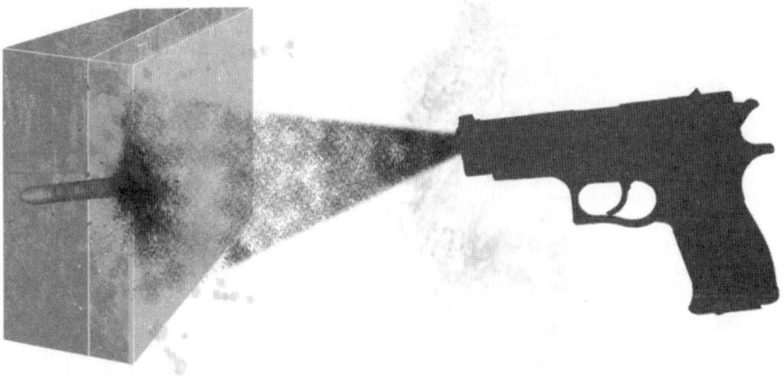

▲ 槍枝近距離射擊，形成火藥刺青示意圖。

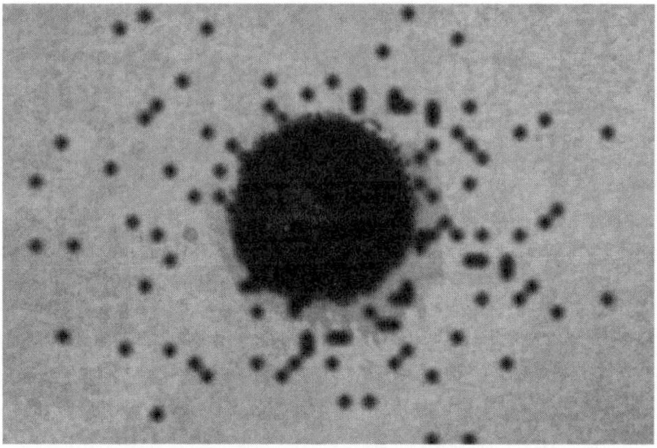

▲ 皮膚上近距離射擊，火藥刺青示意圖。

血源位置

受外力撞擊、血跡自傷口射狀噴濺而出的小血點，稱為噴濺血點，會順著撞擊力量之向量投射而出，屬於中速或高速血跡，而自然滴落的血點屬於慢速血跡。

血滴撞擊至目標物時，其撞擊方向與目標物平面所夾的角度稱為「撞擊角」。運用三角函數的原理，計算血點的撞擊角度，垂直角度的血滴形狀是圓的，撞擊的角度越小，血滴的形狀也越長。

計算血點撞擊角度的公式是：$\sin\theta$ = 短軸長度／長軸長度，故度量血點的長與寬，用寬／長的比值查 $\sin^{-1}$ 反三角函數表，即可得到該血點的撞擊角度。再依據各血點（或選擇數個血點）的撞擊角度分別拉線，即可整合出交會的收斂點，推估血源位置。實務上亦可先取同一平面各方向的噴濺血點，畫出血點的中線，在2D平面上形成一個交會區域，然後在該血源匯集處置放一根直柱，再根據各血點的撞擊角度，以細線配合量角器，拉線重建出立體3D空間的血源位置。

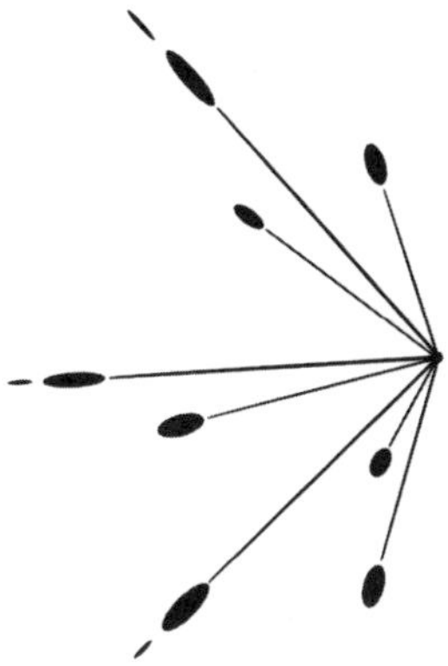

▲ 於 2D 平面畫出噴濺血跡的匯集點。

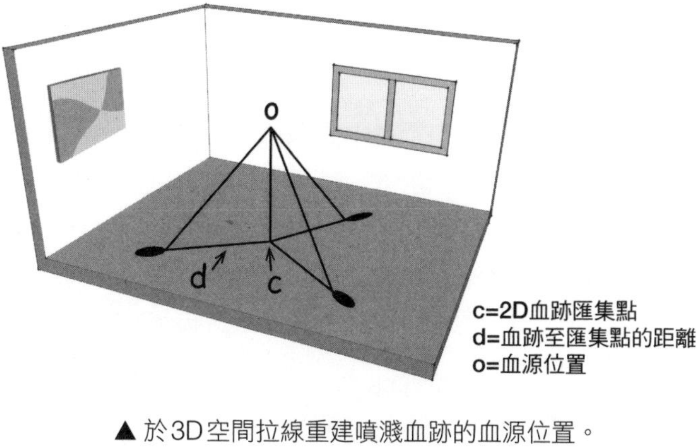

▲ 於3D空間拉線重建噴濺血跡的血源位置。

9

泥沙埋頭致死的校園殺人事件

——魂斷停車場的女教師吳曉蕙命案，民國 83 年

從事鑑識工作三十多年，我見識過不少離奇的案件，但是若要談破案的「意外性」，這起二十年前的案子，馬上就會浮現在我腦海。

這是一樁沉寂了八年的「冷案」，沒有人想到會有水落石出的一天；過程中有許多關鍵時刻，只要一個閃失，冷案就可能變成死案。這裡面有執法人員的專業堅持，還有時間的積累與催化，兩者促成的偶然與巧合，每每想到，總讓我直嘆不可思議，佛家所說的「因緣俱足」大概就是這個意思吧。

這件案子說起來也算詭奇，因為它是從一具令人匪夷所思的屍體開始的。

寧靜的校園裡，驚見泥沙覆臉的赤裸女屍

民國八十三年十月十五日，臺北市新湖國小的一位男老師，騎機車進入學校的地下停車場。他走的是機車道，一進到停車場，就發現旁邊汽車道的電動鐵捲門前，停著一輛白色小客車，車還發動著，車門敞開，但車內空無一人。

他感覺不太對勁，便騎著機車在停車場裡繞行，繞到後門時，赫然發現地上躺

著一具女屍，內衣被扯到頸部，胸部裸露，下半身赤裸，最駭人的是，女屍的頭部被沙土團團裹住……。

校方接獲消息時非常震驚，立即報警處理。警方趕到後，確認被害人是該校的老師吳曉蕙，本來趁著下午沒課，想在停車場洗車，卻慘遭殺害。警方從陳屍狀態研判，全案朝強姦殺人方向偵查。

無知的善意與粗糙的封鎖程序，破壞了命案現場

校園內發生命案，新湖國小全體師生既悲傷又恐懼。校方知道後，第一時間就在吳曉蕙老師的大體蓋上一條床單，因為她全身幾近赤裸，現場人來人往，觸目可及，任誰都不忍看她繼續暴露；學校不少老師聽到消息後，紛紛趕到現場，員警也默許他們致哀祭拜，場面相當悲淒。

這個畫面看似合情合理，但以現在的標準來看，實在令人搖頭。當年警方維護命案現場的觀念不夠嚴謹，封鎖上出現許多漏洞，造成現場跡證遭汙染，增加鑑識

工作的困難與複雜。首先，吳曉蕙身上的床單，據說是從學校值日室拿來的，如果上面有其他人的毛髮、皮屑，恐怕會轉移到屍體上，汙染跡證；再者，老師們在屍體周遭走動祭拜所留下的混亂腳印，也會嚴重破壞現場，我們在現場採集了許多鞋印，事後經比對過濾，發現都是學校老師的，甚至還有到場員警的。

凶手施暴後，再以泥沙活埋

當鑑識人員一到場，立即採集跡證，重建命案現場。

從吳曉蕙的洗車工具還擺在她的停車格旁邊研判，她應該是開了車門之後就遭到挾持；接著，凶手把她拖到停車場後方、距停車格約十公尺的地方，褪去她的衣物、施暴，因為她的衣服、裙子等都被棄置在這裡；最後，從地上的拖行痕跡來看，歹徒再把被害人拖到停車場側門口，在這裡用沙土悶死她後棄屍。停車格、吳曉蕙的衣物、她陳屍的所在，這三個地點形成了一個距離各十公尺的L形。

再從停在停車場鐵捲門前、還在發動中的車子推論，凶手應該是犯案後想駕車離開，但打不開鐵捲門，只好放棄，然後逃逸無蹤。

整個案子最詭異的地方，就是屍體的狀態。**吳曉蕙的頭部被凶手用沙土層層密實覆蓋、裹住，厚度竟然高達二十公分！**

之後我也參與了法醫驗屍及解剖，從她的口腔、鼻腔、喉嚨、氣管都有發現沙土，種種跡象顯示吳曉蕙被沙土覆蓋時仍然活著，曾試圖喊叫、掙扎，但凶手不斷用沙土蓋在她臉上，甚至用力塞，導致她**呼吸道整個阻塞**，最後窒息而亡。

我們在陳屍處附近發現攪拌沙土的痕跡，判斷凶手應是拿吳曉蕙洗車用的水桶取水，與停車場樓梯間下方現成的消防沙攪和成泥，再將吳曉蕙活悶、窒息而死。

殺人的方法有很多種，我想我見的也夠多了，卻從來沒有看過這種手法。這麼奇怪的殺人方式，不禁讓警方懷疑，凶手是否精神異常？

警方不排除校園內外皆有涉案的可疑對象

由於吳曉蕙的脖子有勒痕，再加上她的身體裸露，顯示歹徒曾意圖強姦，我們以為會採集到精液，結果沒有發現，反而在她的**大腿上採集到唾液**，應該是有遭到猥褻。

我們也在吳曉蕙的車上採集指紋，採集到的指紋有大人的，也有小孩的，待一一比對後，只剩下兩枚比對不出來。**這兩枚指紋都比較小，應該都是小孩的**，當時我們研判有可能是吳曉蕙曾經載過學校老師、朋友或學生，指紋是他們的小孩或學生留下來的，並不以為意，但仍然列為跡證。

由於案發現場是學校裡的停車場，警方強烈懷疑兇手應該有地緣關係，加上被害者曾遭拖行，兇手力氣不小，新湖國小的男老師首先被鎖定，幾乎全校每一個男老師都被警方傳訊，有幾位被警方盯得特別緊，他們三番兩次被請去問話，被逼得快發瘋。

另一方面，新湖國小一帶，雖然是很單純的社區，但是附近有幾處工地，工人當中有些外籍移工，所以偵查人員也不排除可能是情緒鬱悶、在外遊蕩的移工隨機犯案。

陷入膠著的案情，半年後天上掉下凶手

一所單純的小學，竟然發生如此駭人聽聞的強姦殺人案，全校師生都受到極大的驚嚇，有些孩子甚至得接受心理輔導，家長也會擔心孩子的安全；老師心理也有極大陰影，沒抓到凶手之前，彼此之間都有些疙瘩。那段時間，臨近學校一帶的社區，人人自危，人心惶惶，警方破案的壓力很大。

但是，案情一直都沒有進展，無法進一步突破。除了採集到吳曉蕙車內的指紋，以及她身上的唾液之外，再也找不到足以鎖定凶手的線索。唾液方面，採到的量並不多，再者，二十多年前的技術也沒有現在這麼先進，能夠據以分析的資訊極為有限；還有，當時**DNA是新興領域，才剛起步**，雖然資料庫可供比對的檔案不多，我們還是拿去分析比對了，可惜沒有任何結果。

警方毫無頭緒，社會壓力又排山倒海而來，好一段時間，氣壓很低。

想不到，半年之後，吳曉蕙命案突然有了「意外的進展」——有一天，警方在內湖地區一次例行路檢當中，查到一名渾身菸臭味又滿嘴檳榔的年輕人，身上拿不

出駕照、行照等身分證件，頗為可疑，員警便把他帶回警局，先從基本資料問起，包括他的姓名、年齡、地址等，再進一步盤查。

突然，這個年輕人冒出一段話，他說：「你們現在問這些都是多餘的，我來告訴你一個天大的消息！你攔截我的那個地方，再往前一點不是有間學校嗎？曾經有個女老師被殺，對不對？嘿嘿，那個案子是我幹的！」

這真是個天大的消息！這真是天上掉下來的凶手！

引來只想幹一番「大事」的烏龍投案者

警方驚訝之餘，馬上請來該案的專案小組。偵查人員問訊後，發現他所自白的犯案過程，可信度很高，於是帶他到命案現場模擬，居然也都吻合，警方幾乎認定他就是吳曉蕙命案的凶手。

當時，現場模擬並沒有找我去，我從側面聽聞這個消息，便輾轉告知，處理這件事要很小心，除非有證據，例如進一步的唾液或指紋確認，否則還是謹慎為上。

後來，指紋比對果然證實不是他，DNA也不是他。雖然這個案子還是送到檢察官那裡去了，但檢察官並沒有單憑「主動投案者」的自白來起訴，因為最後總是要有證據做連結。

幸好這個案子並沒有真的起訴，否則這個天上掉下來的凶手，瞬間就會讓這起案件變成一個天大的烏龍案。因為事後發現，這個年輕人領有殘障手冊，似乎智能方面有些問題。

這個社會千奇百怪，就是會有這種跑來對號入座的人。

這可以從心理學來說明，在很多社會現象中也不乏這種例子。這一類人在群體中被比較、被排擠，沒有機會被重視，缺乏成就感，因而心情鬱悶，潛伏著壓抑。以吳曉蕙命案這個烏龍投案者來說，對他而言，「主動投案」在他的圈子裡、在同儕間，是一種炫耀，好像只要投射自己是案件的主角，就不再是個沒沒無聞的人。很多案件中都發生過這樣的例子，例如江國慶案裡的許榮洲（詳見鑑識現場3），你虛構任何案子，他都可以承認是他幹的。

或者像臺北捷運隨機殺人事件裡的鄭捷，他說他想幹一番「大事」。在我們一般人的思維裡，不會把殺人當作一件「有成就感的大事」，我們的成就會是事業有成、知識程度提升，或者建立家庭，可是這些需要經過努力，某種程度是辛苦的，需要花時間才能達成。

人心有正面，也有負面，正面思維的人會憑藉自身努力，也許需要十年，方能成為某個領域的佼佼者；但是負面思維的人，就是選擇幹一番大惡，馬上會成為眾人矚目的焦點。

缺乏進一步證據，令案子淪為冷案

吳曉蕙命案偵辦的過程，會出現這樣的插曲，當然追根究柢，還是因為警方破案心切。

專案小組在承受社會與長官莫大的壓力之下，天上突然掉下來一個嫌犯，當然機不可失。問案與被問的人，就像周瑜與黃蓋，一個願打，一個願挨；一個想破案，一個想認罪，雙方一拍即合。嫌犯主動自白，警察也認定他犯案，這下便有了預設立場，認為只要補足程序即可起訴，反而忽略了科學證據的相應性。

除此之外，警方問案的手法也是個問題。在急於破案的心態下，難免會有引導與暗示的嫌疑，例如，用「喚醒記憶」的是非題方式來取供：「你是不是這樣做的？」、「不是吧？你再想一想？」如此反覆誘導，當符合刑警心裡的標準答案時，就請嫌犯抽菸、吃檳榔，這樣做，就像訓練寵物似的，做對了，馬上給予食物獎勵一樣。

由於警方對案子已有基本掌握，正常偵訊的情況是帶嫌犯到現場，其實只要問個兩、三句，即可判斷真偽。以吳曉蕙命案而言，尤其小學的停車場很大，可停上百輛車，如果沒去過那裡，可能連東西南北都搞不清楚，更不可能精準陳述。到底有沒有犯下這個案子，只要詢問命案現場的幾個重要地點：車子停哪裡？從哪裡開出來？衣服脫在哪裡？屍體丟在哪裡？

警方雖然慶幸沒有烏龍破案，可是也不免失落，因為案情又陷入膠著，沒有找到進一步的證據，破案遙遙無期。

吳曉蕙命案，一開始造成校園、社區人人恐慌，但隨著時間過去，大家逐漸淡忘，一個喧騰一時的案子，就這樣變成了「冷案」，我對偵破此案也不抱希望。

直到八年之後。

當年無法比對的指紋，八年後出現吻合

那一天，我記得很清楚，當時我正在開車，收音機突然傳來一則新聞——警方宣布偵破新湖國小吳曉蕙老師命案。我一聽差點跳起來，太驚訝了！我再繼續聽下去，更令我震撼的是，凶手是一名役男，時年二十三歲，**換算八年前犯案的時候，他根本還是個未成年的孩子！**

那一刻，我終於恍然大悟，為什麼那兩枚比對不出來的指紋屬於小孩，以及為什麼凶手會用泥土覆蓋住吳曉蕙頭部的原因了。

過去，我從來沒看過這樣的犯案手法，原因是**凶手不知道怎麼殺人**，所以用沙土；他**也不知道要如何強暴一個女性**，所以沒有精液，只有唾液。凶手因為無知，或者也可以說是不專業，名副其實是用小孩玩泥巴的方式殺人，如今真相大白，一

切疑點都成之有理，這實在令當初參與偵辦的人始料未及。

這個案子是怎麼破的？契機來自刑事警察局固定時間進行的懸案指紋重新比對。八年間，原本比對不出的兩枚指紋，經電腦比對「役男指紋資料庫」時，警方赫然發現一個名叫黃啟峰的指紋與之吻合，他當時正因涉及一起外國女子性侵案而遭到逮捕。

跡證雖然吻合，但是到認定犯罪行為還有一段差距，尤其有了上回的烏龍事件，這次偵查人員知所警惕，小心從各方求證後才鎖定黃啟峰，他也坦承犯案，並供出共犯王鈺銓，兩人都有地緣關係。

令人驚訝的是，王鈺銓當年才十一歲，更令人難過的是，他還是吳曉蕙老師的學生。

凶手怕什麼？怕人死後變成鬼

黃啟峰供稱，案發前，當年十五歲的他和王鈺銓在家裡一起看鎖碼頻道的色情節目，看完後兩人就相偕到新湖國小遊蕩，無意中看到吳曉蕙一個人在地下停車場，拿著水桶等清潔用具，正準備要洗車。他一時起了色心，碰巧四下又無人，便異想天開，想模仿電視裡的性愛情節，先勒昏她，再性侵後殺害。

至於為什麼要用沙土覆蓋在臉上呢？黃啟峰的說法是，他的阿嬤曾說人死了會變成鬼，為了不讓鬼看到自己，他看到停車場有沙土，隨即就地取材加水和成泥，把吳曉蕙的臉蓋起來。

黃啟峰當時是個青少年，十多歲的孩子知識有限，或許可據此來理解這個手法背後的心態；但事實上，從吳曉蕙的呼吸道裡有沙土，可知當時她仍是有氣息的，應該有掙扎，黃啟峰不可能沒有察覺她還沒死亡。

最後，法官認為，黃啟峰殺人之後，還竊取被害人財物，並意圖開走車子，顯示犯案時並無悔意且不慌張，惡性甚至重於一般成人。但是，由於兩名少年做案當時未成年，不得判處死刑或無期徒刑，因此判決有期徒刑最高刑度十五年，並令強制治療。

吳曉蕙命案，終於偵結，定讞。

一連串巧合成就了破案契機

回首三十多年的鑑識生涯，科學與邏輯是我念茲在茲的，因為這份工作攸關人命，一點點失誤就可能造成難以逆反的結果，所以我不厭其煩的追求嚴謹和全面，盡可能避免疏漏。但是，有時候，無論多麼努力，還是難免有無力可使的壓力、半途而廢的失落，與百般糾結的無奈。

然而，天助自助者，我同時相信冥冥之中天理自有循環。巧合釀成了吳曉蕙命案這樁悲劇，撼動平靜的小學校園；然而，一連串的巧合，也成就了這個案子破案的契機。

首先，當初如果烏龍投案就這麼結案，也不會有後來的指紋資料庫比對；再來，假設凶手不用當兵服役，「役男指紋資料庫」根本派不上用場；此外，如果指紋資料庫的採樣建檔不夠清楚，也可能比對不出來；最後，指紋比對除了電腦初步篩選，更重要的人工判斷如果不夠仔細，也會有所疏漏，全案可能真的成為死案，永無水落石出的一天。

警方從偵查到鑑識人員，以及檢察官和法官，每個環節的角色都很重要，當所有條件成熟，真相也就大白了，這和佛家常說的因緣俱足是同一個道理。

惡行的陰影，還有誰該承擔？

這個案子最令人震驚的，不外乎是凶手竟然是未成年的孩子，警方當初絲毫沒有想到這點，同時引起社會極大的關注。

據警方了解，黃啟峰犯下這個案子後，心性突然大變，打架、逃課、頂撞師長，樣樣都來；畢業後更接觸毒品，開始酗酒，酒後還有暴力傾向，將每個月的薪水都花在酗酒和嫖妓上面。在我看來，事發後的酗酒和吸毒，都是一種自我麻醉和自暴自棄的表徵。

一個人犯下惡行，在心底會有陰影嗎？會隨時間而淡去嗎？我不相信這個人完全沒有罪惡感。惡行的陰影會在日後影響性格、生活，潛藏在內心深處，甚至夜半幻化成惡夢，反覆折磨他。殺了人的當下，可能沒有感覺，但潛意識會萌芽，總有一天會爆發、反噬。黃啟峰就是一個最好的例子，他的指紋被比對出來時，當時已經因為另一起性侵案被捕，破案可說是不費吹灰之力。

待警方宣布偵破吳曉蕙命案，民國九十一年八月十日上午，**黃啟峰的父親公開向社會大眾謝罪，下午即仰藥自殺**，經家屬發現，緊急送醫，雖然救回一命，但已造成無法恢復的永久傷害。

俗云「養不教，父之過」，據聞黃啟峰的父親工作認真勤奮，積極開拓業務，或許因此疏忽了孩子成長過程中的教養，釀成一生難以彌補的大錯，當然是難辭其咎。然而，從另一個角度思考，黃啟峰雖然是個青少年，但也是一個獨立的個體，他犯了錯，父親要一起承擔和贖罪嗎？為什麼？如果要，是否有比例原則？

「一樣米養百樣人」，是大家熟悉的另一句話。我們現在常常看到犯案者的家屬，遭到社會公審，彷彿他們也是共犯，例如北捷隨機殺人案凶手鄭捷的父母，案發後東躲西藏，一生抬不起頭來。親人犯下滔天巨禍，他們也都同樣承受巨大的創傷和衝擊，這是生命加諸給他們的課題，也非常值得社會省思。

「全民指紋資料庫」是侵犯人權，還是讓罪犯無所遁行？

這件案子，讓凶手黃啟峰的父親身心遭受重創，對被害人吳曉蕙的父親又何嘗不是？**吳曉蕙的父親吳振吉剛好也是警察**，曾經擔任中正一分局副局長，後來升任交通大隊大隊長，案發之後，當時的市長陳水扁曾特地將他調到內湖分局擔任分局長，**讓他親手偵辦女兒的命案**。

再也沒有誰比受害者家屬更期望能早日破案的了。吳振吉在內湖分局長任內，常常在半夜回到案發現場憑弔女兒，希望能獲得破案的靈感，無奈他再怎麼賣命追查，仍然一無斬獲。吳振吉一直到離開內湖分局，仍然無法昭揭女兒慘死的真相，非常遺憾。

後來，吳曉蕙命案因為役男的指紋檔案比對而意外破案，真相大白，從此，吳振吉便將推動「全民指紋資料庫」當作自己的職志和使命。許多沉寂多年的懸案，如果有機會破案，多半是因為嫌犯再犯，逍遙法外的期間，造成無辜的人受害，因此他提出，民眾在年滿十三歲領身分證時，就同步採樣指紋建檔，儘早建立全民指紋檔案，可以讓許多案子提早破案。他同時也和彭婉如基金會聯手合作，呼籲社會：杜絕青少年暴力犯罪的最好方式，就是做好「心」的照顧。

全民指紋建檔的推動，原本前置作業都已就緒，戶籍法也通過了，機器也準備買了，一切箭在弦上，只待民眾新發或換發身分證時，就可建立指紋檔案。但是，這個案子一提出，許多人認為全民指紋建檔違反人權，正反兩種聲音在社會上爭辯不休。

這個議題值得我們思索。建立指紋檔案，利與弊究竟應該如何評估？除了指紋建檔之外，還有DNA建檔，以及影像建檔。

我們可以說，好人不犯案，建立檔案對他沒有多少影響，就像現在隨處可見的監視器，當時也有人認為這樣會侵害隱私，影像檔也有肖像權問題。但是，這麼多年下來，路口和街坊巷弄這些監視器持續運作，對打擊犯罪率有極大助益，卻未聽聞對尋常百姓造成任何影響。

關於指紋建檔，警方提出只做犯罪偵查，除非國民涉及犯案，否則不作他用。此外，萬一有兒童失蹤或老人走失，此類和民眾權益相關的情況，指紋建檔也可協助搜尋。雖然在其他國家早已經有這樣的先例，但大家還是對國家的做法有很大的疑慮，最後這個爭議經由大法官釋憲，認為有違憲之虞，全民指紋建檔工作頓時停擺，無法繼續下去。

吳曉蕙的父親吳振吉，為女兒慘死所做的種種奔走與努力，最後化作徒勞，留下令人唏噓的遺憾。

鑑識特區

現場封鎖及證物保全

初抵現場的員警實施現場封鎖前，應盡速遣離無關人士，且立即採取「保全現場」措施，以避免現場遭受破壞。因為現場是證據的寶庫，每一處現場均可能提供有利破案的訊息。

一、以犯罪行為發生位置或被害者為中心，界定現場核心位置。封鎖範圍大小可依案情需要調整，初期可做較大範圍的管制。

二、使用制式封鎖膠帶、警示牌及繩索，建立現場封鎖線、管制人員進出，並記錄所有進出人員的身分、時間及目的。必要時得以設置路障，管制交通。

三、第一道封鎖線（最外圈）為「現場周界」，封鎖線內為「一般警戒區」或「新聞採訪區」：禁止無關人士進入，但允許新聞記者在該區採訪。

四、第二道封鎖線內為「安全隔離區」或「長官駐留區」：僅限警察人員、緊急醫護人員、官員、證人及家屬進入，並於該區開設指揮所。

五、第三道封鎖線（最內圈）為「標的物安全區」或「勘察採證區」：僅准許檢察官、法醫及現場採證（勘察）人員進入。

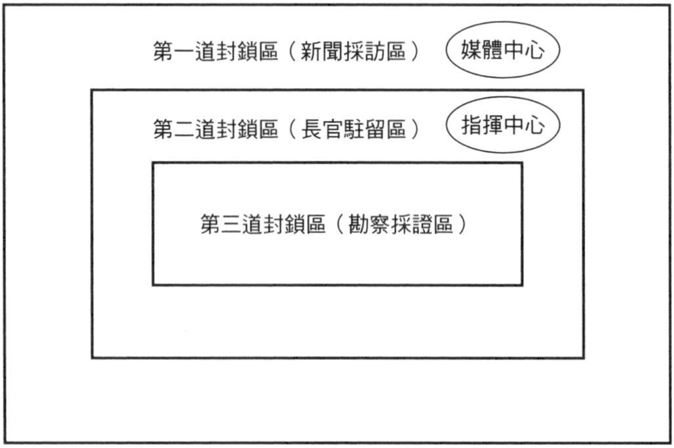

▲刑案現場會設立三道封鎖區管制。

現場未撤銷封鎖前，應派員全天候於封鎖線外看守警戒，非經現場指揮官同意，不得進入。為免跡證遭受風吹、日晒、雨淋，初抵現場人員宜使用帳篷、雨棚等保全跡證，或適當記錄後，移至安全地點。除此之外，不得碰觸任何證物或與他人談論案情。

指紋鑑定

每個人都有獨一無二的指紋。指紋紋線從受孕第十三週開始發育，至二十四週已全部形成，是由遺傳物質、基因、染色體等多基因控制的遺傳標記。即便DNA完全相同的孿生雙胞胎，指紋也相異。此外，指紋具有人各不同、永久不變、觸物留痕、短期不滅及損而復生的特性，所以在刑事鑑識領域有其重要之應用價值。

國內採用的指紋紋型是與美國聯邦調查局相同的「八大類型分析法」。指紋依其形狀分成三大類八種紋形，即弧形類（弧形紋及帳形紋）、箕形類（正箕形紋及反箕形紋）及斗形類（斗形紋、囊形紋、雙箕形紋及雜形紋），而目前國際標準協會建議的特徵點為：線端、分歧線、短線、眼形線、島形線等五種。

臺灣與其他多數國家一樣，以十二個特徵點來辨識兩枚指紋之異同，兩人有同樣特徵的機率為10^{-20}，即千萬兆人中才可能重複。早期指紋鑑定係由人工比對，現今的做法已可透過電腦來搜尋及比對，不過最後，還是必須由人工來進一步比對，以確認身分。

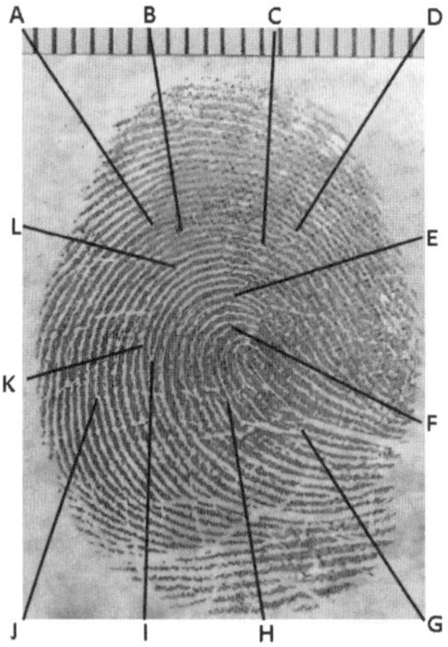

▲ 現場與嫌犯指紋比對12點特徵相符。

10

凶手重返犯罪現場的劫色血案

——活活被燒死的女銷售員王淑文命案，民國 87 年這是一樁非常離奇而又複雜的案子。一張紙條和一隻消失無蹤的鞋子，成為尋獲凶手的線索與鐵證。

在我鑑識三十幾年的生涯中，這是極具鑑識多元性的案子。在荒郊野外的山上發現一具焦屍後，憑著各種跡證累積成牢不可破的證據，靠著鑑識多面向的推理，破解被火焚燒之謎，讓歹徒現形——它就是王淑文命案。

一通神祕電話，讓女銷售員再也沒回家

王淑文是一個汽車銷售員，有一天突然失蹤了。她家庭、人際關係正常，平時作息規律，沒有道理無故失蹤，家屬於是在王淑文理當回家卻未歸時，報請警方協尋。王淑文的同事告訴偵查人員，在王淑文失蹤當晚，她曾經接過一通電話，接完就匆匆忙忙離開公司，隨後音訊全無。

王淑文失蹤的第三天，也就是民國八十七年七月八日晚上，士林分局接獲報案。據報案人指稱，當日他們一家出遊，前往內湖山區附近，傍晚時分在回程的路

上，車主突然想就近找地方小解，便將車子隨意停靠路邊，下車後沿著山路走到隱密深處，正欲方便，不意竟發現遠處有東西燒焦的痕跡，趨前探看，赫然目睹一具焦黑的屍體，大驚之下，急忙開車下山報警。

警方獲報後，立即前往調查。當晚先在現場拉起封鎖線，隔日便加派員警擴大搜山，試圖在現場方圓幾百公尺的範圍內，尋找死者遺留的物件。

報案的第二天，距離第一現場約五百公尺的另一條山路上，果真尋獲一團燒過的東西。由於先前山上曾下過雨，因此這個第二現場的泥濘路上，還留有**下陷的輪胎印**。經過檢查，**那團燒焦的東西是一個女用皮包**，鑑識人員將燃燒未完全的皮包一層層剝開，找到裡面的證件，持有人為王淑文，警方立刻依證件上的資料通知王淑文的家屬。經過王淑文的先生確認，死者正是她本人。

草徑上，散落著沾有人體腳皮的餘燼

這是一起距今超過二十年的案子。回憶事發當時，在焦屍被發現的那天晚上，我們一接獲通知，即刻前往勘察。由於現場位於內湖與士林相鄰的郊山，光線昏暗、視線不良，因此僅見死者的衣著被燒毀，但尚存一點痕跡；此外，很詭異的是，死者只有一隻腳穿鞋，另一隻腳沒有鞋子。

由於夜間視線不良，我們決定隔日再度上山，做通盤的澈底勘察。天亮後，終於清楚辨識案發現場周遭的環境。我們發現，距陳屍地點約二十公尺處，有一棵樹，從樹幹到樹梢的頂端都有燒焦的跡象；此外，在這棵樹與屍體之間的草地上，有一條被火燒出的草徑，而這條燃燒過的草徑上，也發現幾處襪子燒融的痕跡，並且黏著死者的皮膚。

通常接獲這類案件，我們**要先做出幾個判斷**。第一，屍體是生前被燒，還是死後被燒？第二，焚燒時有沒有使用助燃劑？第三，此事件是死者自為，還是他為？

緊抓不放的雙手，證明死者生前承受極大痛苦

助燃劑可以從那棵樹的型態來判斷。這場火勢有辦法連樹梢都燒焦，顯示當時

的火勢很猛烈，才能燒到那樣的高度，如果沒有助燃劑，是無法燒到這種程度的。

再來是生前燒？還是死後燒？從燃燒的草徑，與襪子燒融且黏著人體皮膚來推論，死者來到這個現場時還活著。假設有人將死去的人帶來這裡焚燒，屍體是不會站起來行走的。綜合判斷下來，王淑文很可能在那棵樹下被淋了助燃劑，遭點火之後，轟的一聲，火勢竄起，不僅燒到王淑文，連樹也著火了。接著，王淑文像個行進中的巨大火團，搖搖晃晃的向前走，沿途將草地燒出一條火徑；過程中，她的襪子被燒融了，腳的皮膚也因腫脹而沾黏在地上，渾身著火的向前走了二十公尺，最後終於不支倒地。

王淑文死前極其痛苦，直到法醫驗屍之時，她被電線綑綁的雙手，手指間還緊緊抓著地上的草，不肯鬆手。

至此可以肯定，**王淑文是被火活活燒死的**，但，究竟是自為？還是他為？

這可以從兩方面來看。第一，如果是自為，現場要有打火機，且在上述有助燃劑的推論下，現場也必須找到容器。倘若是自為，這些東西在使用之後，除非有他人處理掉，否則必遺留在現場。其二，一般人自殺的特性，按常理會穿上最好的衣服，或帶著自己最心愛的東西一起走，這是人死前通常會有的意念。所以，基本上兩腳都會穿鞋，要不就是把鞋子脫了，整齊擺在旁邊。

若要證實是自殺，我們必須在現場找到打火機、容器，與另一隻鞋。因此，我們在現場進行地毯式搜尋，但一無所獲。我們甚至將搜索範圍擴大到幾百公尺外，直到找到了燒毀的女用皮包與證件，上述的物品依然遍尋不著。

那麼，有沒有可能是完全燃燒殆盡呢？依照我們的經驗，這些東西不太可能在現場被燒到化為烏有。從第一現場死者身上依然殘存的襪子、衣服，以及第二現場沒有燃燒完全的女用皮包即可理解。

總結以上，最有可能的推論是：這起事件是他為，亦即王淑文被人謀害了。

遺失的一隻鞋，成為解謎的重要關鍵

在鑑識領域，有個推理方法叫做型態學，以上總總就是鑑識型態學的展現。員警開始搜山後，始終找不到打火機與汽油桶等物件，更確定了我們研判是他殺的推論，因為這些物件都被凶手帶走了。在做出王淑文可能是他殺的推論之後，我們繼續做下一個假設：鞋子（尤其是鞋跟）可不可能燒到完全沒有痕跡？又或是，王淑文被燒死的時候，一隻腳上本來就沒有穿鞋子？

倘若燒的時候沒有鞋子，那麼，鞋子在哪裡？

每個人出門都會穿鞋，因此我們合理相信，王淑文接到電話、離開公司時，是穿著鞋子的。但**死後的王淑文卻有隻鞋子不見了**，她在遇見歹徒之後，與被燒死之前這段成謎的時間帶中，這隻鞋子消失了。

這隻消失的鞋子，究竟是被歹徒丟棄，抑或是死者自己掉的？這塊拼圖，後來因為一張無意間記下的紙條，成為指證凶手的關鍵。

為死者招魂現場，發現一名可疑分子

待死者身分確認是王淑文之後，悲傷的家屬來到案發現場，進行招魂法事，並等候警方安排後續的處理。由於地點在人煙稀少的山區，附近的住戶不多，所以沒有什麼看熱鬧的圍觀群眾。在封鎖線外等待的死者家屬，突然留意到有個**穿著拖鞋、短褲，腿上綁著紗布的男人**，騎著摩托車，神情詭異的在此駐足，也未與旁人交談。家屬感覺此人行徑怪異，便順手記下他的車號，交給現場的員警。

這個員警在現場處理時，忙進忙出，因此沒有看到這個人，也沒有特別留意那張紙條，當場就往口袋裡一塞。過了兩天以後，該員警回家換衣服，才發現這張紙條，猛然想起被害者家屬說過：「有個騎機車的男人怪怪的，這是他的車牌號碼，或許你們可以查一下。」於是趕緊將紙條交給承辦人員。

警方查了車號，發現車主叫張玉庭，住在東湖，為什麼會在現場探頭探腦，觀望警察辦案呢？承辦人員覺得有必要了解一下，便派一組人前往查訪。

應門的是一名婦人，她表示機車是兒子的。警察再詢問張玉庭的下落，婦人回答：「他的腿燒傷了，正在馬偕住院。」警察不由得心中一驚，繼續問：「怎麼燒傷的？」婦人說：「他說他去十八王公看廟會，沒想到人家點了鞭炮，不小心燒到他的褲子。」

警察一聽，馬上覺得可疑，立刻打電話回辦公室請求支援，另派一組人趕到馬偕醫院，找到張玉庭，的確如死者家屬在案發現場所見，他的腿綁著紗布。警察問他燒傷的原因，他的回答同樣是十八王公看廟會的那套說詞。

嫌犯腿部的大面積燒傷，引起警方高度懷疑

警察詢問醫生的診斷，醫生表示是整面狀的燒燙傷。被鞭炮炸傷，褲子會這樣整片著火嗎？如果可能，那麼每年蜂炮不知會有多少人成為火球？醫生也認為，鞭炮的火星，頂多造成點狀灼傷，不可能是腿部大面積的燒傷。而且此人既然在馬偕醫院住院，為什麼會出現在命案現場？

警方進一步調查通聯紀錄，發現張玉庭在王淑文失蹤前曾與她通過電話。由於王淑文是汽車銷售員，而且第二現場的泥濘路上留有輪胎印，警察於是再度詢問張玉庭的母親，家裡是否有車？張玉庭最近是否想買車？果不其然，張母表示，家裡有一輛舊車，都是張玉庭在使用，但他老是嫌不稱頭，一天到晚吵著要換新車。警方蒐證講求時機，事不宜遲，便當場徵求婦人的同意，查驗車輛。

鑑識人員抵達停車現場後，從車體外觀發現，後保險桿卡了一根草，還沾有一些泥土。至於車子內部相當髒亂，堆放許多雜物，我們將雜物一個個清理出來，赫然在右前座底下，發現一隻女鞋，這隻鞋與王淑文腳上的另一隻鞋廠牌一樣，而且尺寸相同！

鎖定嫌犯到以證物指證，必須透過科學印證

如果說，型態學是辨證死者是否遭人謀害的推理方法，記有車號的紙條是破案巧合的引線，那麼在車內找到的鞋子，便是指向頭號凶嫌的關鍵物證！但是，從鎖定嫌疑人到以證物指證凶手之間，鑑識人員還有很多科學驗證的工夫要做足。

所謂科學辦案，就是在疑案的重重問號中，運用觀察能力與邏輯推理，一層一層撥開迷霧，以科學來印證與解謎。過去，在DNA鑑定還未如今日先進，監視器也不那麼普及的年代，除了指紋採證，鑑識工作也非常仰賴跡證型態的推理。

首先，在**助燃劑**方面，要回到命案最開始的那棵樹說起。假設燃燒是從那棵樹開始，那麼死者被澆淋助燃劑之後，助燃劑應該會滲入到泥土裡，因此我們動手挖樹下的土還有樹皮，並檢驗之後，果然發現泥土、樹皮、死者殘餘的衣服，以及那只皮包沾染的助燃劑都是汽油。但是，此時出現一個疑點：經化驗後，這**汽油中還含有一些不明成分**，我們無法判斷是什麼。

接下來是**第二現場的輪胎印**，當時我們有灌石膏製模，取下輪胎印。經與張玉庭家的車比對，結果有三枚輪胎紋與第二現場採證的輪胎印痕相符。而後保險桿沾到的泥巴，我們採證後也發現，與第二現場的泥土成分相似。一般來說，市區的車子除非到過工地，否則只有山區才有機會讓後保險桿碰到泥土。

至於後保險桿勾到的那根草，我們特別求教於臺大與中興大學的植物專家，他們指出草的學名，並表示這種草以臺北的木柵、內湖山區為最多，與命案發生地點在內湖又吻合。雖然以上的輪紋、泥巴與乾草，都不具有唯一性與絕對性，但凡此種種累加在一起，證據的指向性越來越強。

警方循線拼湊，物證逐一完整

再來是鞋子。在嫌犯車上找到的女鞋，就是死者王淑文遺失的那一隻嗎？有沒有可能只是巧合？雖然巧合的機率很小，但在鑑識的基本觀念裡，除了廠牌、型號、大小及新舊一樣之外，還是需要科學分析來證實。

那時，DNA鑑定才剛起步，因此我們從鞋子的成分檢驗，發現店家同一款式的鞋子，每一批的成分都略有差異；此外，鞋子的結構有好多層，我們將鞋子剖面，把每一層都拿去鑑定，發現這**兩隻鞋子的結構層成分一致**，更可推論車上的女鞋與死者腳上的鞋是一對的。

另外，死者的雙手被電線綑綁，在尚未確定是他殺之前，我們並**不排除死者自行綑綁的可能性**，確實有人會以此來加強自殺的決心。但以死者雙手被綑綁的結實度與打結的方位來看，要自行扭緊電線的可能性不大。勘驗張玉庭那輛舊車時，我們在後車廂發現一組小型的車用探照燈，中間有一段電線不見了，會不會就是綑綁王淑文雙手的電線呢？

我們特地去找製造探照燈的公司詢問。廠商表示，每一家公司的產品，所使用的電線都有一定的規格、材料與標準長度。我們將綑綁手部的電線展開之後，跟照明燈頭尾連接起來，剛好足足三公尺，是這款探照燈的電線長度。我們進一步檢驗後還發現，電線上面的公司批號，以及裡面銅絲的股線、金屬成分、外皮成分，與該公司出品的探照燈都一致，因此推論，綁在死者手上的電線，就是車內探照燈上遺失的這一段。按照目前的鑑識技術，倘若找到當時的剪具，還可以做電線的剪痕比對。

由於連結性越來越強，我們向檢察官說明後取得搜索票，前往張玉庭家大規模採證。經勘察，他家有很多驅蟲劑的空罐，我們取其殘液樣品檢驗後發現，**汽油中多出來的不明成分，就是這種驅蟲劑的成分**。

張玉庭因此被收押了。剛開始當然不認罪，但最後這些證物，包括鞋子、電線、家裡的空罐、輪胎痕跡、泥土、乾草等林林總總加起來，慢慢堆砌出整個故事的邏輯，各項跡證都吻合，也都指向他，最後他知道無法狡賴，終於俯首認罪。

色慾薰心，引發殺人動機

原來張玉庭一如他母親所說的，很想買車；命案當天他以買車為由，約王淑文出來，不料在車上突然起色心，想非禮她，王淑文掙扎不從，被他失手勒昏。王淑文在掙扎的過程中，一隻鞋子掉到右前座底下，由於當時是晚上，張玉庭並沒有注意到。

他以為王淑文已經死了，想焚屍滅跡，便開車回家拿驅蟲劑的空罐子填裝汽油，再開到內湖山區，把王淑文從車子裡拖出來，讓她靠在一棵樹上，在她身上澆淋汽油，火一點下去，怎麼知道王淑文居然痛醒過來。她搖搖晃晃的走著，走了二十公尺後就倒下去。張玉庭在澆汽油時，自己的褲子也被淋到了，火勢延燒到他身上，因而燒傷了腿。這就是整起命案過程。

最後，這件案子三審定讞，凶手也已被判處死刑。

本案能迅速偵破，裡面有巧合，例如被家屬抄下的機車車牌號碼；也有運氣，例如警方在沒有被完全燒毀的皮包中，找到了證件；但大部分歸功於科學。這件案子，是鑑識教學一個很好的案例，其中有多面向的科學推理與鑑識內容。

在這起案子中，凶手犯了一個錯——他不知道皮包不是易燃物，又或是他不了解燃燒三要件，皮包裡沒有空氣，是不易完全燒毀的。當然也可能是滅跡時怕被人撞見，一見皮包已著火就迅速離開。離開時，他顯然也很慌張，所以後保險桿擦撞到山壁，勾了雜草還沾上泥巴。這種慌張程度，也顯示在做案時燒死被害者的同時，燒傷了自己。

有些案子，嫌犯會重返現場，看警察怎麼辦案、辦到什麼程度、掌握什麼證據。這個案子果真證明，嫌犯是會回到現場來觀看的。

犯罪現場的跡證，拼出案發經過

鑑識很像拼圖，我是一個現場分析人員，要重建整個案件的經過，就要綜合、分析、拼湊所有的事證片段，我們稱之為「拼圖理論」。若將整起案件當成一個大拼圖，參與案件的人各自負責不同的區塊，釐清手上現有的素材、一一驗證，然後拼出小區塊完整面貌，例如凶器的拼圖、犯案時間的拼圖、動機的拼圖。不同區塊要能組成完整拼圖，解釋案件所有疑點，有時拼到一半會整個推翻，或者修正，也經常發生這塊拼圖帶我們找到下一條線索的情形。

以王淑文這個案子來說，殺人現場便是一塊拼圖，命案現場有很多跡證。我們從中先確認王淑文被火燒時是否活著，釐清種種疑點，接著那張抄下車牌號碼的紙條，循線帶我們找到車子，而車上發現的單隻女鞋，剛好吻合殺人現場遺失的鞋子拼片……。

拼圖的重點是放空，不能先入為主、預設立場。到了現場，要學著自己將種種跡證拼起來，擁有探索的敏銳度。鑑識這個領域，需要累積經驗和專業知識，但當累積到一定程度，有時又容易受限於經驗，預設立場。

拼圖理論要放空的原因是，它並不像坊間的拼圖，已經有現成的圖樣，拼的人只要按圖索驥將拼片就定位即可。現實的狀況是，一來我們不知道這拼圖長什麼樣子，再者不知道自己手上有什麼素材，哪些素材有用、哪些無用，所以必須先把每個人都當作好人，讓證據自己說話，證明凶手為何人，若無證據就無罪，故要經常訓練自己綜合性的思維邏輯。

唯有累積實戰經驗，才能打穩鑑識基礎

除了沙盤推演，我們也常思考許多**犯罪模擬**。

例如判斷此案中自為或他為，你認為自殺的人不可能把自己的手綁起來，甚至反手綑綁嗎？事實上是可能的。一心求死的人，為了斷絕生物求生的本能反應，就會把自己綁起來，前提當然是其綁法必須自為可完成，這就必須透過鑑識人員的模擬。我們曾做過反手綁的模擬，只要從正面綁好，再從腳下繞過去，就可辦到。總而言之，鑑識的工作就是廣泛查證、堆砌，然後推論。所有在被害人失蹤與死亡之間種種可能的跡證，我們都要設法找出來，並依靠它指向凶手。

以前，我會讓同仁多多**接觸不同的鑑識專業領域**，例如先做指紋半年，然後換做痕跡比對，之後再換化學鑑定，諸如此類。鑑識要多思考、多接觸、多請教，因為鑑識本身就是學識、技術與經驗的相成，所以我喜歡當學生，也喜歡當老師。就

算現在退休了，除了教書，我也會去聽車禍鑑定、聽數位鑑定。這是我比較陌生的技術，我去當學生，就是想了解人家數位鑑定是怎麼做的。

這跟醫生開刀的道理一樣，大家接受的訓練都相同，該學的學校也都教過，照理說資深資淺的人都可以動刀。可是資深的人經驗多，握刀的手就比較穩，年輕人則是無法判斷這一刀下去的風險；差就差在敏銳度不一樣、看的門道不一樣，但方法其實並無不同。

剛開始走鑑識這一行我也很害怕，經常請教學長和主管，問東問西，從基層慢慢幹起。若覺得自己學識訓練不夠，就去國外精進，凡事沒有一蹴可幾。現在鑑識很熱門，要培養高學歷的人才並不難，但主要是缺乏經驗。這一點急不來，所以必須鼓勵有志於科學推理的人，多看案子。

鑑識特區

燃燒三要件，給居家的人提醒

燃燒三要件，有空氣、燃料、熱源。

在王淑文命案中，皮包不是易燃物，人也不是易燃物。人體有七〇%的水分，所以大體火化需要用很強的火，把水分燒乾，才會碳化變成骨灰。至於皮包，沒有足夠的空氣進入裡層，就算它是整疊的紙張，也不容易完全燃燒。

現代建築有很多密閉窗、密閉空間，有些裝潢的材質，燒完會釋放出可燃氣體，若室內氧氣不夠，火只會悶在密閉空間的小角落裡，這時假如貿然破壞或打開門，空氣一進入，整個可燃氣體就會變成一個巨大火團爆發出來。這就是閃燃基本形成的原因，非常危險。

所以在火災現場，倘若門把是燙的，裡面溫度可能已經很高，甚至達到閃燃程度，千萬不要打開。這時消防隊救火就要判斷，該在安全距離或以側面的方式破壞進入。

型態學

在解釋物證中，以型態物證之應用最為廣泛，型態性跡證一般係由人與人、人與物或物與物之間的實體接觸所產生。在刑案現場能找到的型態證物有很多種，例如平面印痕、立體凹痕、刮擦痕、標記、破裂痕、沾附或擦抹痕等，有的很明顯，有的則較不清楚。

以往型態物證被認為不具科學性，因此不被重視，其重要性也一直未被了解。然而，犯罪現場中的型態物證在重建事件之發生經過極具價值，有時顯示人或物相互間的關係位置，及因接觸、破壞、打鬥與殺害所造成的型態或姿勢，也說明行為的過程或犯罪的方式。

有些型態性跡證，例如壓印痕和玻璃碎片等，可用來拼合比對，具有個化鑑定（判定跡證來源獨一無二）的價值。其他型態性跡證則有助於現場重建，經常被用來佐證嫌犯及證人說詞的真實度，有時更可證明或排除某人或某物與案件之牽連關係，甚而指引辦案人員偵查。

常在不同刑案現場看到的型態物證，有時會出現某幾種型態的組合，有時則為單獨的一種，例如：血液噴濺型態、玻璃破碎型態、火災型態、家具擺設型態、射擊彈道型態、追逐或拖拉痕跡型態、輪胎或煞車痕型態、衣物或物體型態、犯罪手法型態、火藥殘餘型態、物件損壞型態、屍體姿勢型態、身體傷勢型態及指紋方位型態等。

現舉一個案例說明：

某日警察接到報案，有一位老先生陳屍在一家小賓館套房內。員警到場勘察，只見死者兩手貼緊身體，全身赤裸，平直仰臥在雙人床上。其腳底乾淨，下體遺留精液，屍斑位於背面，全身無外傷，臉部則面露微笑。旁邊的床鋪枕頭塌陷，棉被凌亂，梳妝臺上有兩個杯子。死者的衣服疊放在椅子上，內褲放在最上層，拖鞋併合放在椅子旁。經查，死者家住附近，喜歡到處閒逛。

請問從現場及屍體所呈現的各種型態跡證，初步研判死者最可能的死亡原因是什麼？

答案是「馬上風」，也就是在性高潮時突然心臟病發猝死，所以只要找到一起開房間的女子，案件即可真相大白。

第四部

白案，全民之殤，治安之痛

由陳進興、高天民、林春生犯下的白曉燕綁架案，曾令全臺人心惶惶；在全國通緝下，三人持續犯案，甚至與警方爆發槍戰，更試圖變臉逃亡。槍彈鑑定、精斑檢驗、DNA比對……這些都是破案的鑑識關鍵。

11

電視臺第一次直播槍戰場面

——凶嫌逃亡後仍持續犯罪的白曉燕命案，民國 86 年

一個人會成為凶手，是不是有什麼原因，讓他在成長過程中走上這條不歸路？這是社會必須探討的問題。

人本身就具備善念及惡念；有人支持人性本善，有人支持人性本惡。在我認為，善念與惡念互相競爭。若家庭多一點關愛、學校多一點引導、朋友多一點勸告、社會多一點注意，善念便會大於惡念，使人往好的方向發展。

曾經有學者做過研究——一對同卵雙胞胎被不同的家庭領養，結果在成長過程、學習成績以及社會成就方面，雙胞胎的表現截然不同——其中一位，成為對社會很有貢獻的知名人士；另一位卻成了惡徒。

明明是基因相同的兩個人，竟產生了如此不同的變化，可以說，「所處環境」的確會造成莫大影響。

其實，看待個案，必須從童年開始看起，如前面提到的家庭教養、學校教育、朋友勸告，都會造成影響。若童年缺乏引導，長大後便會認為犯罪是理所當然，漸漸出現反社會的傾向。

舉例來說，犯下連續擄人勒贖、強暴案件的陳進興，就是個自小缺乏引導、最後慢慢走偏的例子……。

藝人白冰冰之女遭綁架，〇四一四專案小組隨即成立

民國八十六年四月十四日清晨，於現今新北市的林口區，發生了一起擄人勒贖案件，受害者是知名藝人白冰冰的獨生女——白曉燕。

白曉燕當時就讀臺北縣（新北市）醒吾高中二年級，在上學途中，被陳進興、高天民、林春生三人強押上車。他們用黃色膠帶纏繞白曉燕的頭部，僅留下鼻孔供她呼吸，再用白色繩索綑綁，讓她無法呼救、掙扎，接著拍攝裸照，並狠心切下白曉燕左手的小拇指，連同她的求救信，寄給了白冰冰。

白冰冰接獲消息時幾乎崩潰，歹徒更勒索五百萬元，且要舊鈔票、不能連號，還要求不准報警。但白冰冰手足無措，根本沒辦法處理，隨後警方獲報，立即成立「〇四一四專案小組」，以案發時間當作專案名稱。

之後，嫌犯使用盜拷電話（按：俗稱王八機，機內會有多組他人行動電話內

碼，可供隨時變換使用）聯繫，如此一來，即使警方能夠追蹤號碼，卻無法掌握犯人的行蹤。

四月十九日，雙方約定了交款地點，但嫌犯從雙北到桃園，變更了七次交款地點，讓警方難以跟監，亦希望順利拿到贖款。

到了四月二十五日，嫌犯再次約定在桃園某處取款，卻遲遲未現身。警方於是透過各種情報及線索，掌握了嫌犯的相關資訊，於三重發現陳進興及林春生，雙方接著展開激烈槍戰，最後仍舊被兩人逃脫。陳進興的妻子張素貞則因企圖掩護丈夫逃亡，被警方逮捕。

由於本案後續橫跨雙北地區，來到了臺北市，且之後陳進興一行人多在臺北市犯案，因此後來我也參與了一些偵辦。

整起案件最令我訝異的，就是**媒體的跟蹤**。

媒體幾乎二十四小時守在白冰冰家門口，只要白冰冰一出門就開始跟監，甚至有衛星新聞轉播車。在這樣的情況下，白冰冰完全不可能交付贖款，歹徒也因此多次改變交款地點，不敢貿然出現。

在人質還有活命機會時，警方偵辦案件，理所當然以保護人質生命為第一考量，不過誰也沒想到，媒體的披露成了本案敗筆。不單單是報警行為，若歹徒知道新聞媒體隨時待命，這樣既不可能現身，甚至可能撕票，造成不可收拾、無可挽回的局面。

白曉燕慘遭撕票，歹徒開始逃亡且全面通緝

在四月二十五日那天上午，白冰冰召開記者會，聲淚俱下的請求全民一起拯救白曉燕。儘管這樣公開喊話，但很不幸的，在案發之後十四天，也就是四月二十八日，警方在今天新北市泰山區的中港大排（按：全稱中港大排水溝，於二〇一〇年整治過後，又稱中港綠堤）找到了白曉燕的屍體。

法醫楊日松驗屍後指出，白曉燕是從正面被尼龍繩勒斃，且頭部及腹部遭受重擊，導致肝臟破裂、嚴重內出血，血量多達五百毫升，而她的處女膜有破裂新痕，顯示生前遭到強暴。至於白曉燕被切斷的左手小指，是用細鐵絲綑綁止血、完全沒

有進行醫療處置。另外，在發現屍體時，透過屍體腫脹程度可以判斷，白曉燕已經死亡了八至十天。

也就是說，歹徒在狠心撕票之後，仍向白冰冰要求贖金。

白冰冰在警方護送下，前往現場指認。她完全沒想到等待自己的，是女兒冰冷的遺體，因此完全崩潰，即使如此，她仍強打精神，親自一路陪伴女兒相驗、解剖、入殮，直到出殯、入葬。

事隔多年之後，白冰冰接受訪問時表示：「雖然認屍時，屍體已經腫脹不堪，但我依然一眼就認出，那是我的女兒白曉燕。」

當尋獲人質遺體，警方也宣布——全面通緝在逃嫌犯陳進興、林春生、高天民，並公布他們的相關訊息。

然而這三人，在逃亡期間依舊持續犯案：六月六日，綁架了當時的臺北縣議員蔡明堂，得手新臺幣五百萬元；八月八日，又綁架了臺北市北投一位陳姓商人，成功勒贖四百萬元。

嫌犯入侵富陽街民宅犯案未遂，與警員擦身而過

民國八十六年八月十一日，有竊盜前科的陳進興自行開鎖，持槍侵入臺北市富陽街的民宅。當時，民宅中的三名女性並不知道他就是陳進興，也不知道他為何要侵門踏戶，就這樣被押進一個房間內。

陳進興分別要綑綁三人時，其中一名女子因受到驚嚇，不禁大叫出聲。照理來說，這行為在當下其實很危險，因為難保歹徒不會一槍把她打死。說也奇怪，**陳進興並沒有這麼做，反而表現得驚慌失措，不知道要怎麼辦，索性奪門而出。**

不過，他並沒有真正逃逸，而是潛伏在附近觀察，看警方是否真的會來。

受害女性報完案，警察沒多久就趕到現場，但礙於是未遂，無論劫財、劫色，都沒有達到目的，所以警方判斷可能是一些糾紛或感情問題，簡單問訊、做完筆錄後便離開了。陳進興見狀又等了一陣子，直到警察走遠了才行動。

但，他並沒有選擇及早逃離，而是趁著三名女子驚魂未定、各自回到房間及在客廳看電視的時候，再次開門侵入！

三名女子看到陳進興，完全沒預料到他會再回來。這一次，陳進興記取教訓，直接警告她們：「不准大叫，再叫就一槍打死妳們！」三名女子立刻沉默下來，被綑綁起來也絲毫不敢反抗。

就在此時，門鈴響了。

由於三位女性都被綑綁，無法移動，陳進興只好自己去應門。沒想到，來的居然是警察，想再多查證一下。然而，因為是鐵閘門，看得不是很清楚，結果警察並沒有注意到屋內的人就是陳進興，問道：「請問某某人在不在？」

陳進興回答：「在。」接著趁員警尚未反應過來，把鐵門打開再一腳用力踹下，門就這樣直擊員警。陳進興抓緊時機往樓下一衝，再轉身朝著持槍準備還擊的員警，連續開了兩槍。這兩槍，第一發沒打中，只有第二發子彈打中了，且擊中部位是警槍的護弓。當時員警已經持槍對準了陳進興，若子彈沒有打中護弓，而是再偏移個〇．五公分，便會擊中員警的胸部。

事實上，打中護弓的機率非常低。

幸好這位員警命大，子彈碎裂、護弓斷掉當下，只有手指受了傷。他本想繼續開槍，不料手槍故障，他連拉了兩次槍枝滑套，在現場掉落了兩顆子彈。

此時，陳進興已經逃到樓下。不巧，樓下剛好有另一位員警正在待命，和陳進興擦身而過。該員警也搞不清楚到底發生了什麼事，只聽到有槍響，然後愣在原地，完全沒有預料到會和陳進興正面接觸。

說也奇怪，兩人就這麼對視片刻，不僅該名員警沒有射擊陳進興，陳進興也沒有對員警開槍，而是直接轉身，繼續逃跑。

他逃逸至巷口，看到有個騎腳踏車的路人，便一下把對方拉開、騎上腳踏車，從和平東路一路向北逃逸。最後，警方在現場搜索機車，查到了他當時騎到富陽街犯案的光陽三冠王機車。

五常街爆發警匪槍戰，三人中兩人接連落網

民國八十六年八月十九日，林春生、高天民在臺北市五常街五十三巷及龍江路三二八巷，被民眾目擊侵入警察宿舍改建的國宅。工地主任察覺後，立即報警處

理，員警曹立民及黃慶財便前往查看。

隨後，手持槍械的陳進興一行人與警方發生槍戰，導致員警曹立民中彈身亡、黃慶財身負槍傷。警方當即加派警力支援，其他員警及維安特勤也趕到了，團團包圍住了林春生一人。陳進興及高天民則趁亂逃逸，現場遺留一輛機車，車上有之前做案得手的部分現金。

後來，林春生跟警方及維安特勤發生了第二波、第三波槍戰，最後他兩腿各中一彈、腿骨碎裂，只能爬行，眼看無法逃離現場，又不想乖乖被逮捕，遂舉槍自盡。**此次槍戰創下很多紀錄，包括警方第一次出動維安特勤隊、出動最多警力，也是臺灣的電視臺第一次現場直播槍戰場面。**

另外，這次除了有警察與嫌犯之間的對陣，還衍生出了警察內部之間的「爭功角力」。

當時，陳進興一行人因為罪大惡極又不斷逃竄，自然成了警方亟欲逮捕的對象，若能夠擊傷、槍殺他們任一人，都會被認為是大功一件，即使沒擊中，有開槍的話也至少能被記功。

五常街警匪槍戰，不失為一個立功的機會。

本來，這次槍戰之後應該由鑑識小組回收現場彈殼，再去推論射擊者。結果帶隊的一位派出所主管要求同仁撿起地上所有員警射出的彈殼，全部帶回警局，然後要大家把槍一併交出、卸彈匣、把子彈全部集中在一起，清點總共少了幾顆子彈，再詢問到場的員警每個人各開了幾槍，然後依回報的開槍數量，酌量「分配」給大家。基於當時只要在現場有開槍，事後很可能就會論功行賞，該主管也講他開了三槍，不過，他之後被槍戰時站在附近的員警檢舉，說主管當時根本沒有開槍，因此被調查及起訴，官司纏訟了好幾年。

此外，那時跟曹立民一同出勤的黃慶財，於槍戰中手受傷了，而他說即使如此，自己依然英勇奮戰，單手及口含卸換彈匣，不過因為現場彈殼都被撿走，其神勇事蹟於事後並無法得到科學的證明。

最後，經法醫勘驗，林春生體內找到兩顆彈頭。經與員警槍枝試射比對，其真正的「主人」終於找到了，被記為首功。

高天民跟陳進興逃亡之後，十月二十三日，他們又侵入了臺北市羅斯福路「方保芳外科整形診所」，強迫醫師替高天民整容，結束後便殺人滅口。

由於這起事件發生在臺北市，屬於我的轄區，所以我不但參與了該案的現場勘察及採證，亦參與了整個專案小組的偵辦，鑑識相關情況會在下一章（鑑識現場12）詳細說明。

十一月十七日，警方接獲線報：高天民正在臺北市石牌路一家色情油壓中心消費，有目擊者指證發現了他的機車車牌。後來，警方動員警力，前往石牌路圍捕高天民，再次發生警匪槍戰。高天民見警方火力強大、前後包夾，漸漸被逼退到油壓中心最角落的一個房間；透過房間窗戶望出去，警方已團團包圍這個地方，高天民自知根本不可能逃脫，便舉槍自盡了。

至此，犯下白曉燕命案的三名歹徒，只剩陳進興一人在逃。

挾持南非武官，企圖把案情上升到國際高度

民國八十六年十一月十八日晚間七點多，陳進興闖入位於臺北市北投區行義路

一五四巷，南非駐中華民國大使館武官卓懋祺（Edward McGill Alexander）家中，挾持卓懋祺一家五口。同時，他致電北投警分局，聲稱自己遭到司法迫害，**要求接受國外記者採訪**，並準備專機讓他飛往安全的第三國家，企圖讓案件升高至國際事件的等級。

想必陳進興實在是逃亡到無處可躲，才會出此下策，**挾持南非武官卓懋祺**。畢竟他之前總是和高天民、林春生一起犯案，而主要出點子的是另外兩人，因此他們相繼身亡之後，陳進興一個人自然不知該如何是好。

晚間八點多，陳進興與警方發生槍戰，流彈打傷了卓懋祺和他大女兒，時任臺北市刑警大隊長侯友宜隨後進入官邸，將兩人救出送醫。

當晚十二點，聯合報記者首先打電話進官邸訪問陳進興，之後臺視、TVBS、中視、東森、超視、法新社等國內外十餘家新聞媒體，相繼搶線撥打電話訪問。透過電視臺直播，全國觀眾直接聽到陳進興的聲音，談著他犯案的心路歷程，當時的板橋地檢署（今新北地檢署）主任檢察官張振興，更與陳進興用電話製作了三小時的筆錄，成為臺灣電視史上的奇觀。

這起挾持事件，當年受到全臺矚目，所有電視節目都暫停播送，就是為了連線轉播現場狀況。在陳進興接受法新社以及諸多國內外媒體訪問時，警方雖然考慮要將其狙擊槍斃，但顧及到人質的安全，也不清楚是否有尚未曝光的共犯，最後還是決定槍下留人。

次日早上十點，警方借提正在收押的陳進興妻子張素貞，與時任民進黨中評會主委謝長廷一同進屋，跟陳進興談判。張素貞勸降後，陳進興陸續釋放了卓懋祺的兒女和妻子，並把最後一把槍交給侯友宜，選擇棄械投降，結束了轟動國內外的南非武官挾持事件。

令人意外的是，**本次案件，死亡人數：零。**

一路辦案下來，警方發現，相較於動腦出點子的高天

▲卓懋祺出版著作《真愛——南非武官VS.陳進興的故事》（*Hostage in Taipei*）講述遭挾持的經過（2001年，文經社）。

民、下手狠毒的林春生，陳進興縱使擁有強烈的性衝動，但他似乎不太喜歡殺人，即使手持槍械也一樣。這在他闖入富陽街民宅性侵未遂後，和警方擦肩且對視時並沒有開槍，就能隱約察覺到。

像這樣掌握案件內容，包括歹徒怎麼到現場、與誰結伴、對被害人講了什麼、做了什麼動作、拿了什麼東西、使用何種凶器、做案時間及侵入方式……分析、研判出犯罪者的個性、慣用手法，所得出的結果，稱作「犯罪模式」（Modus operandi，簡稱MO），也就是所謂的「做案手法」，用來指稱犯罪的特定模式、規則，及罪犯的特徵。

而陳進興比較不喜歡殺人的推論，在這次南非武官挾持事件，再次得到應證。

罪人，是怎麼走上歪路的？

陳進興落網後，經由DNA比對，證實一共犯下了十九件性侵案件。受害者的年齡分布，最年長的高達六十歲，最年幼的甚至只有十三歲。

思及陳進興會恐嚇被害者家屬：「若是敢報案，一定會回來報復。」導致受害人不敢報案，所以實際的案件數量，可能遠超過十九件。

對於陳進興這樣惡名昭彰的人，我們並不了解他是如何踏上不歸路，只能透過陳進興在獄中寫下的懺悔書及成長歷程，去略微推測一二……。

陳進興的母親為未婚懷孕，於民國四十七年生下他之後嫁給別人，並將他託給母親，也就是陳進興的外婆撫養。外婆對陳進興相當呵護，有點接近溺愛。從小，陳進興便貪玩、愛翹課，甚至常犯下偷竊、校園霸凌等事件。年歲漸長的外婆眼看根本管不動他，只好又將他送回親生母親家。

青少年時期的陳進興，體格十分壯碩，在學校經常結伴打架，根本沒有人能夠管束他。國中時，他又數度觸犯校規，輟學後開始混街頭、結交壞朋友。

陳進興的繼父為了改變其暴戾性格，曾讓他跟寺廟的浮雕師傅學習手藝，但陳進興經常翹班，跑去和地方角頭鬼混。後來，在跟隨繼父從事建築泥水工作時，陳進興被查獲偷竊電熱器，臺北地方法院少年法庭判決交付保護管束。

十五歲時，陳進興就曾因為持刀傷人，被判處有期徒刑兩個月，待服刑完畢，其繼父仍把他帶在身邊做工。十八歲時，陳進興因侵入民宅強盜，判刑十五年，並在民國七十七年減刑出獄。

然而等他出獄，與他關係最為密切的外婆和繼父，卻相繼病逝了……。

在本章一開始，我提到人性就是善念與惡念的抗衡，看待個案時，也有必要從其童年檢視起。像陳進興這樣的例子，偶爾也會讓我思考：若給予他正向的助力，是否就能夠避免這些悲劇？犯人有可能在監獄中矯正行為，然後回歸社會，成為一個有用的人嗎？這些問題，都值得好好思考。若能進一步建立起更完善的制度，或許就能強化社會安全網，讓整個治安系統更加穩固。

鑑識特區

反社會人格障礙（Antisocial personality disorder，簡稱ASPD）

根據美國精神醫學學會出版的《精神疾病診斷與統計手冊（第五版）》，反社會人格基本上發生在十五歲後，且須符合下列七項要素中至少三項：

一、不能符合社會一般規範對守法的要求，常常做出侵犯法律或社會規範的違法行為。

二、狡詐虛偽，會一再說謊、使用化名，或為了自己的利益或娛樂，而詐欺、欺騙、哄騙、愚弄他人。

三、做事衝動或不能事先計畫。

四、易怒且具攻擊性，經常打架或攻擊他人身體。

五、行事魯莽，不在意自己及他人安危。

六、無責任感，故無法維持長期的工作，或信守財務上的義務。

七、缺乏悔恨、羞恥和內疚感，對於傷害他人、虐待或偷竊無動於衷，或將之合理化。

根據醫生估計，每二十五人中便有一人具反社會人格，但因為善惡念的拉扯，以及正確的行為教育，大多數患者並不會犯罪。另有資料顯示，受刑人之中，其實只有二〇%具備反社會人格傾向，其他人犯罪是出於衝動、過失、迫於無奈、受到壓迫的反彈……原因繁多。

換言之，犯罪者之中確實有些具備反社會人格，但不代表每個犯罪者，都有反社會傾向。

死後經過時間之推定（Estimation of Postmortem Interval）

要推定死後經過時間，主要分為兩種方法，一種是以屍體現象而推定，另一種是以現場事物現象而推定，綜合兩者，就較容易及更準確來判斷死亡的時間。

其中以屍體現象來推定死亡時間，在法醫學上極為重要，可利用死亡後屍體變化的程度及死亡時停止的生理現象不同來判斷。

一、死亡同時開始之屍體變化程度。

根據法醫專家 Müller 的報告，在空氣中之屍體可依表中標準（見下頁表格）來推定死後經過的時間。

二、死亡時停止之生理現象不同程度。

可利用胃腸內容物之狀態來推斷；胃內食物未開始消化時為食後不久就死亡，胃內食物已開始消化，但食物未送達十二指腸時為食後一小時以

屍體狀態	死後經過時間
屍斑及死後僵直皆無	1 小時
輕微屍斑，由指壓可消退，死後僵直發現於頸項部	2～3 小時
肘關節一度緩解以後再出現僵直	7 小時以內
肘關節一度緩解後不再出現僵直	8 小時以上
屍斑及死後僵直甚顯著，指壓之屍斑不消失	7～8 小時
角膜作雲狀溷濁	10～12 小時
腹部皮膚呈綠色，口鼻眼發生蠅蛆	24 小時以上
角膜不透明	48 小時
由腐敗而生成水泡	2～3 日
蛹化	8 日
蛹空	3 星期
由動物侵食而僅剩骨	3～6 星期

資料來源：參考《法醫學講義》，葉昭渠編著，中央警官學校印行，民國 71 年 3 月再增訂初版，第 53 ～ 55 頁。

內，胃及十二指腸內均有食物時為食後二至三小時，胃內無食物而十二指腸內有固形食物時為食後四至五小時，胃及十二指腸內均無食物時為食後六小時以上死亡者。因此得知攝食時間後，以胃腸內食物消化之程度即可推知死亡時間。

在夜裡死亡者亦可利用膀胱內尿量而推定死亡時間，尿量少時得知就寢後不久即死亡，尿量甚多時即知早晨才死亡者。

頭髮、鬍鬚或指甲之長度有時亦可利用，頭髮一日的生長約〇．二、〇．三毫米，鬍鬚約〇．四毫米，指甲約〇．一毫米。因此測量髮際部頭髮之長，得知理髮後經過幾日而死亡；度量鬍鬚之長，得知剃鬚後經過幾日而死亡；量測指甲之長度，得知剪指甲後經過幾日而死亡。

12

變臉求生的一槍斃命滅口慘案

——方保芳整形外科三屍命案，民國 86 年

民國八十六年四月十四日，陳進興、高天民及林春生在犯下白曉燕案後，於逃亡期間又做了許多案子，包括綁架議員蔡明堂和北投陳姓商人、富陽街民宅犯罪未遂、五常街警匪槍戰（林春生舉槍自盡），使得當年全臺人心惶惶、風聲鶴唳。

為了逃避警方的追捕及查緝，陳進興、高天民決定變臉求生，遂闖入臺北市羅斯福路一段、一棟住商大樓裡的「方整形外科」（按：此為招牌上的名稱，描述此案時，大多稱為方保芳整形外科），強迫醫師方保芳為他們整容。至於接下來的事件，同樣駭人聽聞，有三名無辜之人被無情槍殺。

那就是「方保芳整形外科命案」。

清潔婦人驚見三具屍體，全是一槍斃命

民國八十六年十月二十三日下午四點，方保芳整形外科僱用的清潔婦人一如既往前去打掃。雖然診所門是半開的，但清潔婦人沒有想太多，也沒有察覺異狀，逕直進入診所內將兩袋垃圾拿至一樓巷口丟棄，隨即回到二樓，準備打掃診所內部的

房間。

當清潔婦人走到診所後方，赫然發現六十七歲的方保芳醫師、他五十七歲的妻子張昌碧，還有來診所上班不到兩個月的二十一歲護理師鄭文喻，全部慘遭槍擊身亡。清潔婦人隨即慌忙報警，當警方趕到現場，發現三人都被子彈直擊頭部、回天乏術。

張昌碧的屍體平躺在手術檯旁邊的地板上，雙眼及雙腳被棕色封箱膠帶綑綁著，眉心被開了一槍，血流滿地。**在她的醫護服上，有著兩點血跡**，於醫護服的白色映襯之下，顯得更加突兀。

回頭一看，手術室旁邊的廁所門是開著的，方保芳也被蒙住眼睛、綁住雙腳，坐在廁所馬桶上，手上還戴著手術用的手套、手套上有血。他的眉心同樣被開了一槍，鮮血往後噴濺、滿地滴流。

至於鄭文喻則是穿著護理師服，蜷曲在衛浴間深處的淋浴間，雙眼一樣被棕色膠帶蒙住、頭上還圍了條毛巾。警方研判，嫌犯是隔著毛巾近距離開槍，將護理師一槍斃命。

和另外兩名死者不同的是，**鄭文喻的腳並沒有被綁起來。**

DNA比對指出，凶手不僅殺人還強暴

一開始，由於死者皆為醫護人員，而且案發現場為整形外科，警方還以為是醫療糾紛，才導致本次命案發生。

鑑識小組抵達現場後，經過勘察，我發現凶嫌的手段非常殘忍，都是**直接射擊腦袋、一槍斃命**，方保芳和張昌碧是由前往後、從額頭射擊，鄭文喻則是從後腦勺射擊，子彈從右眼下方穿出，就像行刑一樣。

如果真的是醫療糾紛，一般都是毆打、或是殺害醫師一人，有必要以如此駭人的手法，一次殺害在場三個人嗎？

待我們進行了現場採證，發現彈殼全都不見了，不過有找到三顆已經變形的彈頭，就是射殺受害者的那三顆。

這裡要注意一點，勘察刑案現場必須是全面的，不能有先入為主的觀念、選擇

性採證，否則很可能會導致錯漏而忽略線索。

基本上，鑑識的概念如同撒網，能夠採證的地方都要盡量採證，任何角落都不放過。當然不是現場所有東西都能帶走，所以要先判斷哪些與案件有關，接著帶回送驗或鑑定（也有些是要留存起來以備不時之需），若鑑定結果有指紋、DNA這類跡證，就要進行比對，得出結果後再去調查指紋或DNA的主人，為什麼會出現在現場，以利後續篩選、排除。

像我曾經手一起竊盜案，並在現場的櫃子上採到一枚指紋，當下懷疑：難道是竊賊想偷櫃子裡的東西時所留下的嗎？但，一查到留下該枚指紋的人並傳訊，沒想到對方表示：「我是運送這個櫃子的工人。」所以，即使在現場留有指紋、DNA，也不能直接認定是歹徒，必須小心查證，包括為何會到現場、何時出現在現場的，以免錯怪無辜之人。

回到方保芳整形外科命案。

後來，我們很幸運的在垃圾桶裡找到一個彈殼，可能是因為掉到垃圾桶裡，才沒有被注意到，導致歹徒雖刻意撿走現場的彈殼，卻還是遺漏了一個。找到的彈頭以及彈殼，能夠在找到槍枝並試射後，相互比對工具紋痕，來確定是不是由測試的這把槍所射擊出來的。而且彈殼上印有彈底標記，不同種類之子彈的彈頭及彈殼大小也會不同，更有利於偵查。

從歹徒的後續清理手法可以研判，對方對於使用槍枝以及警方的偵辦手法——藉由現場遺落的彈頭及彈殼來追緝嫌犯——非常熟悉，有很大機率有槍砲彈藥犯案前科。

至於現場採證，其實有個插曲。

早期的無線電沒有管制，媒體會竊聽消防單位的頻道（警察單位頻道是聽不到的），在附近的記者就會馬上趕到現場，媒體之間也會互通信息，所以以前有個說法是：「記者跑得比警察都快。」

在本案，就有一位記者因為剛好人在附近，聽到通報後，在警察趕到之前擅自進入現場，甚至拍攝到了屍體的畫面。所以，當時警方還需要傳喚該名記者，採集他的鞋印和指紋，排除現場跡證。

此外，法醫進行現場相驗，發現兩位女性死者剛好都處於月經期間，下體都有用衛生棉。我到達方保芳命案現場時，腦中想起蘇建和案（詳見鑑識現場2），就怕當下沒採證，之後想再採也來不及了，所以認為應該要針對下體採證。採下體本屬於法醫的職責，可是當時的法醫認為，死者在生理期，而且衣著整齊、整起案件就是個單純的槍殺命案，因此並不需要採陰道棉棒。

以前法醫很忙，一天大概要驗十幾具屍體，工作時間長達十五、六個小時是常態。他那天急著趕去處理另一件案子，所以對我的要求面有難色，我就說：「那不然我來做。」再去徵得檢察官同意，最後是由我來完成下體採證。

在我的觀念裡，**肯定是一個證明，否定也是一個證明**。一旦你做了採證，無論檢驗結果如何，都算是獲得一個答案；反過來說，如果你沒有採證，那就永遠得不到解答，連「有沒有」、「是不是」、「對不對」都無法斷定。

既然要做，就要好好做，所以我總共做了十幾根採樣棉棒送鑑定，當時化驗的單位還覺得很困擾，說怎麼一次送來這麼多。但也還好我有做，果然**在被害者的陰道口、大腿夾縫以及衛生棉上，都檢測出了精液**。

當時，逃亡的陳進興陸續在雙北地區流竄，數次犯下侵入民宅及性侵的案件。

從護理師身上採到的精液做了精斑檢驗後，一比對前述這些案件的 DNA，意外發現犯人都是同一個人，這才證明陳進興的確參與犯下方保芳整形外科三人命案，並強暴了護理師。

這樣一來，為什麼三人之中，只有護理師的雙腳沒有被綁起來，原因也就不言而喻了。

至於張昌碧衣服上的血點，由於型態非常奇怪，和其他出血滴落在截然不同的地方，而且量很少，所以鑑識小組本來還猜測凶手可能受傷了，但檢查過後發現，血點也是來自張昌碧，於是這就成了本案一個未解的謎題……。

歹徒試圖變臉，連縫線都未拆就動手滅口

在方保芳整形外科命案現場，我們發現醫生戴著的手術用手套，上頭留有血跡，由此推斷出歹徒可能接受了手術。另外，在手術檯上，也發現手術縫合用的針線，以及沾有血跡的手術刀，地上則是掉了一團沾有血跡的棉花。

後來，經鑑定比對縫合用的針線、地上掉落的棉花及醫生手套上的血跡，發現屬於另一名共犯高天民。

也就是說，不只是陳進興來到了方保芳整形外科犯案，**高天民甚至在這裡接受了手術。**

在診療室，我們發現一張字條，上面畫了兩道眉毛，因此更加好奇，高天民究竟動了怎麼樣的手術。當年，電影《變臉》（*Face/Off*，按：香港導演吳宇森所執導的美國動作片，片中的FBI探員為了取信於恐怖分子，而透過整容換臉技術變成另外一個人）剛上映，警方一度以為高天民是換了一張臉，直到將手術用的針線及相關器具，拿去請教整形外科的醫師，才知道只靠這些器具，**不可能整個變臉，僅能動些小手術。**

經過小心仔細的蒐證比對，本案雖然沒有目擊證人，但仍能憑藉科學辦案，確認凶手就是犯下白曉燕命案的陳進興及高天民。兩人闖入了方保芳整形外科，強迫醫師幫忙整容後，連手術的縫線都還沒拆，便持槍殺了三人滅口，手段極其殘忍。

民國八十六年十一月十七日，也就是方保芳整形外科命案後將近一個月，警方在臺北市石牌路一家油壓中心發現高天民的行蹤，前往圍捕時發生激烈警匪槍戰，最後高天民自知無法逃脫，便舉槍自盡。

那時，我也奉派到槍戰現場支援採證與鑑識，對於高天民究竟動了什麼樣的手術，我非常好奇，到了現場後仔細一看，才發現手術原來只是將他的雙眼皮縫合成為單眼皮，尚未拆線，長相並沒有太劇烈的變化。高天民在槍戰現場飲彈自盡之後，白曉燕命案的三名嫌犯，僅剩陳進興一人在逃。

而後，民國八十六年十一月十八日、十九日，陳進興的犯行就在南非武官挾持案件中落幕。

待陳進興到案，我們詢問了他犯下方保芳整形外科命案的經過，這才釐清了當時沒能找出答案的謎題——**張昌碧衣服上的血點到底是怎麼來的？**

原來，在擊斃張昌碧之前，高天民和陳進興先把塑膠袋套在她的頭上，開槍之後，塑膠袋裡有血，當他們把塑膠袋拿下來的時候，有血從塑膠袋裡滴流到她的衣服上，就形成了我們所看到的血點。

此外，那時候的強姦（現稱為性侵）犯行認定是採「插入說」，若精液在陰道內採到，就有可能是「強姦殺人」的死刑罪；若在以外的地方（包含陰道口）找到，則可能是「猥褻殺人」的非唯一死刑罪。雖然護理師只在陰道口、大腿夾縫及衛生棉上採到精液，陰道內沒有，但陳進興最後坦承自己有插入強姦並體外射精，因此法官多判了他一條死罪。

受害者之子選擇放下仇恨，診所改建圖書館

對於一槍斃命這般行刑式的槍決，連當時臺北市刑警大隊的大隊長侯友宜都說：「怎麼會這麼樣的沒血性？明明是幫助了你的人，整形手術完卻立即把他們三個槍斃，讓我忍不住起雞皮疙瘩、不寒而慄。我雖看過許多現場，但我從來沒有過這種感受。」

方保芳醫師夫妻遭到殺害後，留下兒子一人獨自面對。

某天，侯友宜遇到了方保芳的兒子，後者表示自己正在籌備婚禮，並要在百日內完成，也希望警方能在這三個月內找到凶手，一了父母親的心願。幸好，不到三

個月的時間，警方就將凶手繩之以法。

而方保芳醫師的兒子，將婚禮辦在當時臺灣第一高樓——新光摩天大樓，認為這邊離天堂最近，想讓父母也能夠參與這場婚禮。（按：新光摩天大樓，全稱新光人壽保險摩天大樓，完成於一九九三年，總高度兩百四十五公尺。在高雄八五大樓（一九九七年）、臺北一〇一（二〇〇四年）、臺北南山廣場（二〇一七年）與遠雄 THE ONE（二〇二〇年）相繼落成後，目前為臺灣第五高樓。）

度完蜜月，方保芳醫師的兒子特別贈送侯友宜一尊以賽亞雕像，為《聖經》中象徵正義的化身，以感謝警方的破案之恩；多年之後，雖是方家在臺灣購買的第一棟房子，但他還是無條件捐出父母遇害的診所，改建成「菩提佛教圖書館」，只留下診所掛

▲菩提佛教圖書館與熱鬧街景形成對比（圖片來源：菩提行願學佛會）。

號的櫃檯作為紀念，一來是為了紀念死去的雙親，二來是希望父母一輩子的心血，能幫助更多需要幫助的人。

菩提佛教圖書館的附近，是熱鬧的南門市場，兩者一靜、一動，意外形成了強烈的對比。

人人都怕死，死囚也不例外

民國八十八年十月六日，當時的法務部長葉金鳳，一口氣批准了八名囚犯執行槍決，其中就包含犯下多起案件的陳進興。當天死刑執行的時間訂在晚上九點，但因為消息提前走漏、在傍晚時已經傳遍，導致關押陳進興的臺北看守所（按：因其收容一般犯人及死刑犯人數為全臺最多，所以被臺灣媒體稱為天下第一所），從晚上七點左右就開始不斷湧入人潮。

臺北看守所的後門，被稱為「生死門」，平常只有在執行死刑時會被打開。曾任臺北看守所和北監典獄長的方子傑表示：**「陳進興在被槍決前一刻，也是嚇得雙**

手直發抖，還跟典獄長討了一根菸，感覺是故作鎮定。抽完一根菸後，陳進興又跟典獄長再要了一根，不知是否有意拖延行刑的時間。」

其實，沒有一個人是不怕死的。

據了解，幾乎每個死囚犯在執行槍決的前一刻，都會沒辦法走路，甚至是尿失禁。當時，葉金鳳一次批准了八個死囚的槍決執行令，也創下國內一天內槍決最多死囚的紀錄。

那個時候，廢除死刑的倡議，在社會上的討論度還沒有現今這麼高；加上國內治安不穩定，重大刑案頻傳，民眾普遍認為，亂世就該用重典。遙想當年氣氛，全臺人人自危，大人都會警告孩子，不可以隨便跟陌生人走，以防受害。

經過了這麼多年，死刑存廢與否，一直是個大眾爭論不休的題目。或許因為身為第一線人員，不只是凶案現場，連被害者家屬的情緒反應，我也經常在第一時間目睹，更因此感到痛心不已。雖然我的職責所在，是透過科學方法，將真相拼湊出來，替受害者道出事實全貌；然而，一個完整的家庭，是我怎麼樣也拼湊不出來的。若能在凶嫌犯案之前，就遏止住他這個念頭，我想，這或許才是解決問題的根本做法。

既然沒有人是不怕死的，那麼死刑，是否只是讓犯人罪有應得的手段，抑或能使惡人心生畏懼、起到嚇阻作用？當談及人權，這之間會有個比例原則供評斷、取捨嗎？

我不知道這類問答何時會塵埃落定，但經歷過幾次重大命案、見識過幾次讓人不忍卒睹的命案現場，我衷心希望將來的臺灣社會治安良好，不會再發生類似的刑事案件，也希望相關的法律制度能夠制定得更完善、揚善懲惡，盡量減少又一個家庭被摧毀的悲劇。

鑑識特區

槍彈鑑識

子彈是一種使用在火器類槍械上，將彈頭、裝藥、底火整合在彈殼中，以方便裝填進膛室並發射的彈藥。如果子彈沒裝彈頭，就稱為空包彈；如果沒裝藥和底火就稱為惰性彈；如果沒能成功擊發底火並點燃裝藥，就稱為啞彈；如果裝藥燃燒沒能產生足夠能量將

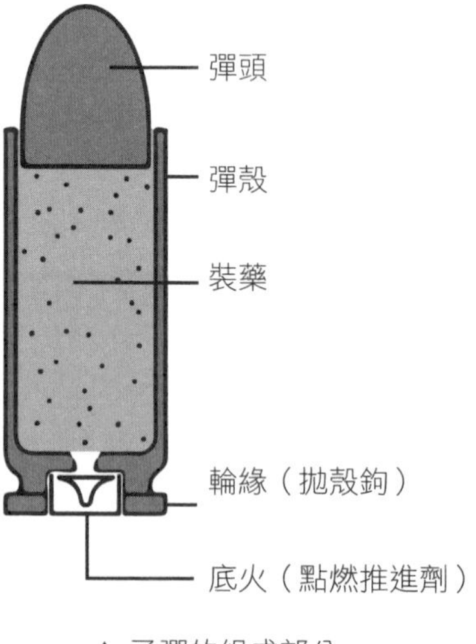

▲ 子彈的組成部分。

彈頭推出，導致其滯留在槍管中，就稱為卡彈。

槍枝射出子彈之後，會產生兩種線索，一種來自彈頭，另一種則來自彈殼。

鑑定涉案子彈時，首先要觀察全彈形狀以判斷其種類，接著量測彈頭直徑和彈殼長度來確認明確口徑，並觀察記錄彈殼上的標記，獲得廠牌、型號、生產年分等相關資訊，縮小涉案槍枝的範圍，提供偵查方向。

此外，子彈擊發時，因為撞針打擊底火，以及子彈的上膛與退殼等動作，會在彈殼上留下撞針痕、彈底紋、抓子痕、退殼痕、彈室痕及彈匣痕等紋痕，日後即可透過彈殼上相對痕跡特徵，比對是否與做案槍枝相符。

還有，彈頭的形狀、構造和材質也是鑑定重點，可用來研判終端彈道特性和子彈來源。且彈頭上會有膛線（又稱來福線，是指槍管內呈螺旋狀的一組凹凸槽，射擊時導引彈頭旋轉向前，進而增加射程及準確度）的刻劃痕，藉由這個，不僅能研判射擊槍枝廠牌型號的分類特徵，也能確認涉案槍枝的個別特徵。

彈頭上膛線刻劃痕的分類特徵，包括膛線的類型、數目、旋向、寬度和纏距（子彈每旋轉一圈所經長度）等。由於槍管製造過程涉及數道隨機步驟，因此每支槍管內表面的製造痕跡都各不相同，留在彈頭的特徵也不同，以利比對鑑定時確認涉案槍枝。

一旦我們追查到了疑似涉案槍枝，就能進行試射，依照試射所產生的彈殼、彈頭痕跡，來斷定是否就是追查到的這把槍；若痕跡不同，就表示涉案槍枝並不是這一把。

（按：本段資料主要參考維基百科，以及中央警察大學鑑識科學系教授孟憲輝所撰寫之刑事政策與犯罪研究論文〈物證鑑識在槍擊現場偵查上的應用〉。）

國家圖書館出版品預行編目（CIP）資料

臺灣大案鑑識現場：用科學、心理學、偶爾靈異，與嫌犯鬥智，鑑識專家謝松善帶你解讀犯罪現場。／謝松善著.--初版.--臺北市：任性出版有限公司，2021.04
352面；14.8 × 21公分.--（issue；27）
ISBN　978-986-99469-5-7（平裝）

1. 刑事偵查　2. 鑑識　3. 個案研究

548.61　110001241

issue 027

臺灣大案鑑識現場

用科學、心理學、偶爾靈異，與嫌犯鬥智，鑑識專家謝松善帶你解讀犯罪現場。

作　　者／謝松善
責任編輯／張慈婷
校對編輯／劉宗德
美術編輯／林彥君
副總編輯／顏惠君
總 編 輯／吳依瑋
發 行 人／徐仲秋
會　　計／許鳳雪
版權經理／郝麗珍
行銷企劃／徐千晴、周以婷
業務專員／馬絮盈、留婉茹
業務經理／林裕安
總 經 理／陳絜吾

出 版 者／大是文化有限公司
臺北市 100 衡陽路 7 號 8 樓
編輯部電話：（02）23757911
購書相關諮詢請洽：（02）23757911 分機 122
24 小時讀者服務傳真：（02）23756999
讀者服務E-mail：haom@ms28.hinet.net
郵政劃撥帳號／19983366　戶名／大是文化有限公司

法律顧問／永然聯合法律事務所
香港發行／豐達出版發行有限公司
Rich Publishing & Distribution Ltd
香港柴灣永泰道 70 號柴灣工業城第 2 期 1805 室
Unit 18055, Ph.2, Chai Wan Ind City, 70 Wing Tai Rd, Chai Wan, Hong Kong
Tel：2172 6513　Fax：2172 4355　E-mail：cary@subseasy.com.hk

封面設計／林雯瑛　內頁排版／江慧雯　封面攝影、彩圖／吳毅平
印　　刷／緯峰印刷股份有限公司
出版日期／ 2021 年 4 月 初版
定　　價／ 新臺幣 380 元（缺頁或裝訂錯誤的書，請寄回更換）
I S B N　978-986-99469-5-7
電子書 ISBN　9789869946988（PDF）
9789869946995（EPUB）

※本書為作者前作《阿善師的告白》重新編輯、新增章節之重製書。